仮想通貨時代を生き抜くための「お金」の教科書

白井さゆり
慶應義塾大学教授

小学館

はじめに

２０１７年12月、仮想通貨の中で最も有名なビットコインの価格が、一時、１ＢＴＣ《ビーティーシー》（ビットコインの通貨単位）あたり日本円にして約２３０万円の高値を付けました。同年１月１日の価格が約11万５０００円だったので、たった1年でその価値は、約20倍にまで膨れ上がったことになります。

しかし、２０１８年に入ると、ビットコインの価格は一転して下落に転じ、年末にかけて日本円にして約36万円となる局面を見せ、大きく暴落しました。

この激しい値動きについてはマスコミでも盛んに取り上げられたため、それを伝える報道に接した読者も多かったことでしょう。

ビットコインのこうした値動きだけを見ていると、仮想通貨はとても危険なもののようにも思えてしまいます。また、仮想通貨取引所の不祥事によって、投資家が多額の損失を被ったというニュースに触れると、ますます仮想通貨は危険なものだと思う人が多くなるのも仕方ないのかもしれません。

しかし、その一方で、ビットコインをはじめとする仮想通貨は、これまでの「お金」の概念そのものを大きく変えるかもしれない、非常に画期的な存在であるという見方もできます。

私は、かつて日本銀行の審議委員として金融政策の決定に携わっていました。そうしたご縁から、今もアメリカ、ヨーロッパ、アジア、中東など世界中の中央銀行の総裁や幹部および政策関係者と率直に話し合う機会が多々あります。彼らと話し合っていると、多くの人たちが、仮想通貨の可能性に注目していることがわかります。実際、中央銀行が独自の仮想通貨を発行する可能性を検討する国もあるのです。

本書でも詳しく解説しますが、これまでの「お金」と比べて、仮想通貨は「ブロックチェーン」と呼ばれる非中央集権的な仕組み（管理者不在の仕組み）と、暗号通貨とも呼ばれるように、暗号化技術を用いて取引を行うデジタル通貨であるという点に優位性があります。こうした優位性ゆえに、私たちの生活を大きく変えていく可能性があるのです。

まさに、現代は「仮想通貨時代」に突入したと言ってもいいでしょう。

大切なのは、仮想通貨という未知の存在の登場を前に、いたずらにこれを敬遠してしまうのではなく、その本質と可能性をしっかりと理解した上で、これらと上手《うま》く付き合っていく道を探っていくことです。

したがって本書を、「お金」について総合的に学べる「教科書」としての役割を果たせるようにするのが、私の狙いです。

そこで、まず手始めとして、既存の「お金」とは一体どのようなものなのかについて、しっかりと確認していきましょう。

物々交換の時代から、現代の通貨制度が確立するまでの「お金」の歴史を学び、その本質を押さえておくことは、「お金」を理解するために必要不可欠です。そこで本書では、「お金」が誕生してからの歴史を振り返り、「お金」の本質に迫っていきます。

そもそも現代の通貨制度とは、金や銀などの金属との交換が保証されていない貨幣を主に使った通貨制度を指します。

たとえば、紙幣（お札）そのものには額面ほどの価値はありません。ところが私たちは、それをやり取りして額面と同じだけの買い物をしたり、家賃や公共料金を支払ったりできると信じています。つまり、人々による「信用」や「信頼」に基づいて現代の通貨制度は成り立っているわけです。こうした紙幣を「不換紙幣《ふかん》」（フィアットマネー）と呼びます。

このような通貨制度の成立の変遷をたどっていくと、本書でも紹介するように、たとえば江戸時代にも、デフレ対策として現在の日本銀行が行っているような金融緩和政策が実施されていたことなどがわかり、興味を掻《か》き立てられるはずです。こうしたエピソードに接することで、読者の皆さんも「お金」の意外な側面に気づき、「お金」に対して新たな視点が加わるかもしれません。

このほか、「お金」を理解するためには欠かせない、中央銀行の仕組みやその役割などについても、じっくりと解説していきます。

日本は先進国でも類を見ないほど、巨額の政府債務を抱える国家です。そうした国で暮らす私たちの周りには、将来の「お金」にまつわる不安が渦巻いています。

今後もこの不安は強まるばかりなのか？　それとも、不安は解消されるのか？

本書を通じて、多くの方々が仮想通貨を含めた「お金」の本質を理解し、これらと上手く付き合っていく術《すべ》を学んでくださることを願っています。さらには、将来に対する不安が和らぎ、精神的にも物質的にも豊かな生活を手に入れるための一助となれば、著者としてこれ以上うれしいことはありません。

目次

第5章　仮想通貨時代の「お金」のゆくえ　167

第6章 「仮想通貨時代」を生き抜くために

第1章

「お金」の歴史

世界最古の硬貨「エレクトロン貨」

お金の始まり

物々交換からの脱却

「マネー（通貨）」がまだ誕生していなかった古代において、人々は、物々交換によってモノやサービスのやり取りをしていました。たとえば、穀物と布を交換する、魚と毛皮を交換するといった方法です。

ところが、これではすぐに問題が生じました。両者がお互いの欲しいモノやサービスを持っていない場合には、交換を成立させることができないからです。また、物々交換をする際、それぞれどの程度の分量を交換すればいいのかという基準がないため、お互いが納得する交換が成立するまでには、手間と時間がかかってしまうという問題もありました。さらに、人口が増えて交換したいモノやサービスが複雑化していくと、物々交換のような悠長な手段を続けていくことは、ほぼ不可能となったのです。

そこで、このような不便さを解消すべく、多くの人に受け入れられる共通の「価値の尺度（価値の物差し）」が求められるようになります。

こうした経緯から、モノやサービスを交換する際の媒介物として、家畜や穀物、毛皮、貝殻、布といった生活に欠かせない貴重なものが「商品貨幣（コモディティ・マネー）」として使われ始め、やがてそれらの商品貨幣に価値の尺度が付随していきました。

紀元前9000年から前6000年ごろ（今から1万1000年から8000年以上も前）になると、物々交換だけでなく、すでに家畜や穀物が「マネー（通貨）」として、様々な取引の交換手段としての役割を果たしていた地域もあったようです。

様々なものが貨幣として使われていましたが、その後、流通し始めた商品貨幣の中でも、耐久性が高く、保管や管理も容易で、そのもの自体に価値がある金属の重さを計り、これを貨幣として用いることが人々の間に広まります。金属貨幣には価値が消耗しにくいという利点があり、それが貨幣として浸透した理由でした。

世界各地に広がる貨幣の使用

古代メソポタミア（現在のイラク）では、ユーフラテス川とチグリス川に挟まれた肥沃《ひよく》な土地で農業が活発に営まれ、紀元前３０００年ごろには広範囲の地域との貿易も盛んに行われました。その際、モノやサービスの交換手段として使われていたのが、大麦や羊毛、油、金属などでした。

この時代にはそうした商取引を記録するための楔形《くさびがた》文字や絵文字などがすでに使用されており、それらを記した粘土板が発見されています。

穀物生産が増えて余剰が生じるようになると、その余剰分を神殿や宮殿などの安全な場所にある倉庫の中に保管しておき、その他のモノやサービスを購入する際には、倉庫から持ち出して「マネー（通貨）」として使うようになりました。さらには、家畜やデーツ（ナツメヤシの実）、金や銀といった金属など、様々な種類の「マネー（通貨）」がこれに加わります。

また、アフリカやインド、中国などでは、貝殻が貨幣として使われていました。

中国では、紀元前１６００年から前８００年ごろの殷《いん》・周《しゅう》王朝の時代に、子安貝（タカラガイ）を使った商品貨幣が誕生しています。この貝は、限られた場所でしか見つからないため希少性が高く、しかも丈夫なことから、商品貨幣としての価値を見出されたのです。

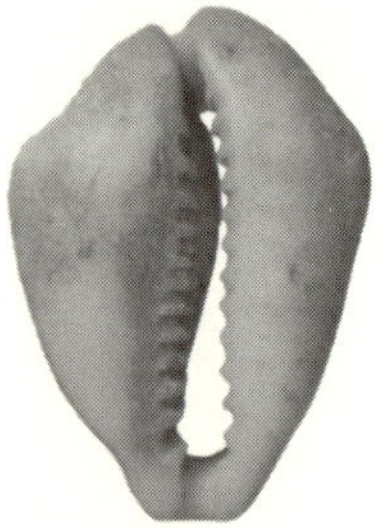
貴重だったタカラガイ

その後、春秋・戦国時代には、青銅を使った農具の「すき」や「くわ」の形をした青銅貨も作られました。そうした青銅貨は、やがて紀元前200年ごろの秦《しん》の時代になると、さらに使い勝手の良い丸形で真ん中に四角の穴があいた貨幣へと形を変えていきます。

このように貨幣には、最初に作られてから現在に至るまでの長い歴史が刻まれています。人類の経済史の中で、経済発展をもたらす最大のイノベーションの1つが、貨幣なのです。

世界最初の鋳造貨幣（硬貨）の誕生——エレクトロン貨

金属貨幣を使用する場合には、穀物や貝殻といった商品貨幣を使うときと同様、取引の際に損をしないように、金属の純度や重量をそのつど精査していました。こうした貨幣は「秤量貨幣《ひょうりょうかへい》」と呼ばれますが、ここでまた、取引のたびに精査しなくてはならないという、新たな不便さが生じたのです。この不便さを解消するために、交換手段としての貨幣の価値を安定的に維持するため、あらかじめ純度と重量が定められた「鋳造貨幣」の使用が始まりました。

まずは紀元前650年ごろに、エーゲ海を望むイオニア（現在のトルコ西部）で、ヨーロッパ最古の鋳造貨幣が作られます。エレクトロン貨と呼ばれる金と銀の合金で作られた貨幣で、ライオンなどの動物や人物の像が刻印されました。

なお、イオニアの西側には文明が早くから発達していたギリシャが位置し、当時、このあたりでは金や銀が多く産出されたこともあって、鋳造技術も発達していったようです。

さらに、それから100年ほど経《た》つと、近隣のリディアの支配者が、純金と純銀でできた鋳造貨幣を作るようになりました。この背景には、交易相手であるギリシャ商人が金属硬貨による支払いを望んだためだとする説があります。

アレキサンダー大王の偉業

紀元前4世紀に入ると、古代マケドニア王国がフィリッポス2世の治世下で領土を拡大し、ギリシャの諸都市を勢力下に収めていきます。

そのフィリッポス2世の後継者として有名なのが、征服者アレキサンダー大王（アレクサンドロス3世、在位：紀元前336～前323年）です。

弱冠20歳の若さで即位したアレキサンダー大王は、世界征服という壮大な野望を抱き、東方遠征に乗り出します。まずは、長年にわたりギリシャの脅威であったアケメネス朝ペルシアに侵攻し、短期間で小アジア、シリア、エジプトなどの征服に成功しました。その後、紀元前330年には、ついにアケメネス朝ペルシアを滅ぼします。

アレキサンダー大王は、征服した地にギリシャ人あるいはマケドニア人の兵士を定住させるため、自らの名前を冠した都市「アレキサンドリア」を各地に建設させました。それらの都市を拠点として、さらなる領土拡張を企図したのです。

地中海に面するエジプトの都市アレクサンドリアは、現在に至っても重要な貿易・商業都市として知られています。

大王没後も地中海地域で流通し続けたアレキサンダーコイン（左：表、右：裏）

アレキサンダー大王は後継者の指名をする余裕もないまま、33歳の若さで亡くなりました。死後、彼によって築き上げられた帝国はたちまち崩壊します。

その彼の偉業を今に伝えるものの1つが、征服地だった各地から出土する高品質のコインです。帝国内での交易を盛んにし、人とモノ、文化の交流をより活発にしようと考えた大王は、アテネで鋳造され、ギリシャ世界で流通していた「アッティカ貨幣」を「マネー（通貨）」として各都市で使用させたのです。

また、これとは別に、マケドニア軍が占領したトラキア（バルカン半島の南東部）の銀山から採れる大量の銀は、「テトラドラクマ銀貨」の大量生産を可能にしました。大王は、テトラドラクマ銀貨をはじめとする各種の銀貨の表面に、ライオンの毛皮を被った英雄ヘラクレスを、裏面にはゼウス神の坐像と自らの名銘「ΑΛΕΞΑΝΔΡΟΥ」を刻印させます。これが「アレキサンダーコイン」として知られる硬貨であり、高品質な銀貨として各地で広く受け入れられたのです。

大王が亡くなったあとも、アレキサンダーコインの信用は失われず、地中海地域を中心に流通し続けました。大王の東方遠征からローマによる地中海統一に至るまでのヘレニズム時代を通じ、「アレキサンダーコイン」は非常に価値のあるコインとして君臨したのです。

世界最初の紙幣「交子」が中国宋時代に誕生

時代は下り、中国では唐《とう》（６１８～９０７年）の時代に、金属硬貨が流通しました。さらに宋《そう》（９６０～１２７９年）の時代になると、銅を使った貨幣の流通が見られますが、遠隔地での商人たちによる売買行為の際には、「交子《こうし》」という信用に基づく紙幣が使われるようになります。この紙幣は、現在の四川《しせん》省あたりで発行されました。

交子が登場したのは、当時、銅製の貨幣が不足しがちだったことが影響しています。銅の不足を補うために、安価な鉄を使った貨幣が作られましたが、重くて不便だったため、紙幣の発行が考えられるようになったのです。この紙幣は当初、硬貨や塩を担保としてその価値が保証されていたので、「兌換《だかん》紙幣」であると考えていいでしょう。

さて、ここで、「兌換紙幣」と「不換紙幣」の意味を確認しておきましょう。兌換紙幣とは、金や銀などとの交換が保証されている、つまり、金や銀などの裏付けがある紙幣のことを言います。これに対して、不換紙幣とは、そうした金属などとの交換が保証されていない、いわば単なる紙切れ同然の紙幣のことで、英語ではフィアットマネーと言います。

たとえば、1万円の紙幣は、本来、紙切れほどの価値しかありませんが、私たちが1万円の価値があると信じているため、安心して買い物や金融取引ができるのです。つまり、人々の「信用」「信頼」に基づく紙幣が、「不換紙幣」です。

交子は、当初、現在の四川省成都《せいと》（益州《えき》）の商人の間で作られたという説があります。その後、交子の担保は塩や銅のほか、金や銀に取って代わられました。

宋政府は、1023年にこの紙幣を発行する権利を独占し、商人（民間人）による発行を禁止します。

当初、交子は発行額と流通期限を限定し、銅銭などと交換できる兌換紙幣でした。

しかし、1030年に西夏《せいか》が侵攻してくると、その戦争費用を賄うために世界最初の「法定通貨」とします。要するに、発行総額と額面単位を明確に定めた兌換紙幣を発行することにしたのです。

ところが、次第に法定通貨の発行を増やして乱発を繰り返し、さらには兌換を停止して「不換紙幣」へと変容すると、貨幣価値は低下して人々の信用が失われていくことになりました。

ただし、元《げん》(1271~1368年)から明《みん》(1368~1644年)の時代になっても、引き続き中国では、政府が発行する紙幣が唯一の法定通貨として認められていました。このころの紙幣も、金属とは交換できない不換紙幣だったようです。

一方、ヨーロッパでは、17世紀のスウェーデンで、世界初となる、銀行による紙幣(銀行券)の発行がなされました。こちらは金属との兌換紙幣であり、その便利さもあって、広く普及していきます(第2章を参照)。

金本位制の確立

近代に入ると、ヨーロッパの主要国において、「本位貨幣」である金貨の発行が始まりました。

本位貨幣とは、自国通貨１単位の価値が、その貨幣に含まれる一定量の金や銀と結びつく貨幣のことで、「正貨」とも言います。また、自国貨幣価値が金の一定量と紐《ひも》づく本位貨幣を基にした通貨制度が「金本位制」です。この制度下の自国通貨は、常に金の特定の量と等価であることが法で定められており、それまでの金貨からすると、一歩進んだ通貨制度と言えるでしょう。

こうした金本位制度を世界で最初に導入したのは、すでに金貨が使われていたイギリスでした。１８１６年のことです。同年に成立した貨幣法により、翌年から「ソブリン金貨」と呼ばれる小さなサイズの１ポンド金貨が鋳造され、法定通貨として流通していきます。

イギリスの造幣局は、あらかじめ定められた法定価格に基づいて、要請があれば金を金貨に鋳造したり、金貨を溶解して金塊や金の延べ棒にする義務を負いました。これにより、金さえあれば金貨の鋳造が無制限に可能になったのです。

この時期、人々は自由に金や金貨を外国へ輸出することも認められていました。そのため、ソブリン金貨は、当初イギリスだけで流通していましたが、次第に世界でも使われ始めるようになるのです。

当時のイギリスは先進工業国として大きく発展しており、イギリスと経済関係を維持しなければならないヨーロッパ各国やイギリスの植民地が、イギリスの金本位制を順次踏襲したため、次第にそれが世界の主流となり、19世紀末には金本位制度は国際的な制度として定着していきます。こうして、ポンドを軸とした国際的な金本位制が確立されていくのです。

一方、アメリカでは、1848年にカリフォルニアでゴールドラッシュが起きて以降、事実上の金本位制を採用していました。続いて1900年になると、正式に金本位制を採用します。また、アメリカやヨーロッパ各国以外の国々も、金本位制の下、金を介して為替レートを固定していました。そのため、主要国の通貨はどこも安定していた時代だったのです。

日本におけるお金の歴史

日本で最初の鋳造貨幣は富本銭か？

ここからは日本における「マネー（通貨）」の歴史を振り返ってみましょう。

日本で最初に誕生した金属貨幣（硬貨）は、奈良時代に鋳造された「和同開珎《わどうかいちん》」（「わどうかいほう」とも）であると、長らく考えられてきました。女性の元明《げんめい》天皇が即位した翌年の慶雲《けいうん》5年（708）には「和銅」と改元しますが、この和銅元年に、当時、唐《とう》（現在の中国）の文化や制度を積極的に取り入れていた朝廷が、唐銭（開元通宝《かいげんつうほう》）を真似《まね》して、円形で中央に正方形の穴のあいた「和同開珎」を鋳造します。これは、銅を原材料とした金属貨幣（銅銭）でした。

ところが、平成10年（1998）に、和同開珎が日本最古の金属貨幣とする説が揺らぎ始めます。この年、奈良県高市《たかいち》郡明日香《あすか》村に所在する藤原京の飛鳥池《あすかいけ》遺跡で、数

日本最古の貨幣「富本銭」（左）と「和同開珎」（右）

十枚の「富本銭《ふほんせん》」が発掘されたのです。発掘を行った奈良国立文化財研究所による調査の結果、これらは和銅元年よりも古い天武《てんむ》天皇の時代である天武天皇12年（683）ごろに鋳造された可能性の高いことがわかりました。発掘された富本銭は、和同開珎のように、円形で中央に正方形の穴があいています。

天武の年号が明記された木簡《もっかん》や、同じ土層から700年以前に建立された寺の瓦が発見されたこと、日本書紀の天武天皇12年の条に「今より以後、必ず銅銭を用いよ。銀銭を用いることなかれ」とあることが、判断の決め手になったようです。

さて、その後8世紀には、日本で最初の金貨「開基勝宝《かいきしょうほう》」が鋳造されました。この金貨は、これまでにわずか32枚しか発掘されておらず、現在それらは重要文化財として東京国立博物館に所蔵されています。

また、和同開珎の発行後、朝廷によって11種類の銅銭（和同開珎と合わせて皇朝十二銭と呼ばれる）が鋳造および発行されました。ところが、改鋳《かいちゅう》のたびに質が悪化したため、信用が失墜して10世紀末には鋳造停止に追い込まれてしまいます。

それ以後は、中国大陸から銭貨《せんか》（渡来銭）が持ち込まれ、それが主要な「マネー（通貨）」となって流通するのです。その一方で、有力領主や地方豪族、大商人たちは、こうした渡来銭を模造し、私鋳銭として使用していました。

日本最初の紙幣は山田羽書

紙幣について見ると、室町時代末期から近世初頭（16世紀末から17世紀初め）にかけて、伊勢《いせ》山田《やまだ》地方（現在の伊勢市）で発行された「山田羽書《やまだはがき》」が日本初の紙幣と言われています。山田羽書の元々の役割は、丁銀（形状や量目不定の秤量《ひょうりょう》銀貨幣）の預かり証であり、小額補助貨幣のような機能を持つものでした。

山田羽書は、全国から伊勢外宮《げくう》（豊受《とようけ》大神宮）を訪れる参拝客に宿を提供し、伊勢参りの便宜を図る山田御師《おんし》（外宮の下級神職でもある有力商人）たちにより、紙幣の代用として使われたのが始まりです。

それまでの商取引の決済には、形が大きくしかも重い貨幣が使われていましたが、その不便さを改善するために、商人たちが金額を紙切れに書き込み、それを預かり手形として発行するようになったのです。数字が表示された額面のある紙切れであるため、現在の紙幣の原型と見なされています。

当初は伊勢山田地域の一部のみで流通していたようですが、その便利さから次第に発行者の数も増えていき、やがて伊勢山田地方全体へと広がり、さらには全国で広く

商業が盛んな伊勢で発行された、現存する日本最初の紙幣「山田羽書」

流通するようになったようです。

商人たちの私札として利用されていた山田羽書は、その後、江戸初期になって幕府の公認を受けると、自治行政組織である「三方会《さんぼうえ》合所《ごうしょ》」の管理下に置かれ、発行限度や発行準備などに関する規定に準じて発行されるようになります。

しかし、こうした規定から逸脱し、山田羽書の乱発などが頻繁に生じた結果、寛政《かんせい》2年（1790）、幕府の山田奉行が「三方会合所」の監査に乗り出し、奉行所の関与を強めながら発行制度の改革を断行しました。

これを境に、山田羽書の発行権は奉行所に委ねられ、発行に伴う手当金や運用によって得られる利益は、幕府に上納されるようになるのです。

江戸時代になって発展を遂げた通貨制度

戦国時代の日本では、中国などの海外から流入した貨幣や、戦国大名が作った貨幣などが入り交じっており、なかには「灰吹銀《はいふき》」も流通しているような状況でした。

灰吹銀とは、アジアで長く使われていた、鉛や不純物を鉱石から取り除く精製技術（灰吹法）によって作られた銀で、戦国時代になってスペイン人やポルトガル人の商人を通じて朝鮮から日本に伝わったとされます。この技術が導入されたため、純度の高い金属貨幣（硬貨）の鋳造が可能になり、現在の島根県にあった石見《いわみ》銀山でも灰吹法が行われました。また、金の精製にも灰吹法が利用されたようです。

１５００年代の日本では、金銀鉱山が次々と発見されており、戦国大名たちは軍用品や贈答品として使うために、各地で積極的に金銀を増産し、延べ板状の形をした金判や銀判を作っていました。ただ、産地によって品質や形にバラツキがありました。

一方、銭貨（銅銭）は、中国で鋳造された永楽通宝《えいらくつうほう》が好まれました。しかし、品質は概して粗悪であり、また、私鋳された鐚銭《びたせん》も多く出回っているという状況でした。長く続いた戦国時代が終わり、慶長《けいちょう》８年（１６０３）に徳川家康《とくがわいえやす》が江戸に幕府を開くと、日本の通貨事情に変化の兆しが現れます。

関ヶ原の戦い（慶長5年）に勝利した家康は、すぐに伊豆や佐渡を筆頭とした東国の主要鉱山の掌握に乗り出しました。甲斐《かい》武田《たけだ》家はすでに滅亡しており、甲州金の確保にも成功します。武田家遺臣の中には優秀な金山技術者がおり、彼らは家康に重用されたのです。

江戸開府以前に鋳造された慶長小判（左：表、右：裏）

また、石見銀山は戦国時代には毛利《もうり》元就《もとなり》の支配下にありましたが、関ヶ原の戦いのあとは家康に譲渡されています。このように、家康は、着実に全国の鉱山を自らの手中に収めていったのです。

こうして、江戸幕府が開かれる慶長8年までには、家康は貨幣鋳造権を独占できる態勢を整えていました。事実、江戸時代の小判として有名な「慶長小判」が、江戸開府以前の慶長6年に発行されていることからも、家康の貨幣に対する積極的な姿勢が窺《うかが》い知れます。家康はそのほかにも、慶長大判、一分金の金貨、長銀、豆板銀を鋳造し、一定の純分と分量を定めた金属貨幣（硬貨）を流通させていきました。

江戸時代になるまで、中世の貨幣経済は銭貨を中心に回っていました。しかし家康は、これに幕府の許認可の下で鋳造される金貨と銀貨を加え、金貨、銀貨、銭貨の硬貨によって構成される「三貨《さんか》制度」を構築します。家康は、天下統一を成し遂げるまでに大量の金や銀を蓄財してきました。このため、それらを貨幣鋳造の材料として提供し、より洗練された通貨制度の確立に力を注いだのです。

米を介在させた日本独特の通貨制度

江戸時代の通貨制度は当初、厳密に言うと、「米《こめ》本位制」（現物）と「金銀銅本位制」が並列する実にユニークなものだったと言えます。

米本位制とは、幕藩体制の収支を米穀の石高《こくだか》によって賄っていた財政構造を指しています。農民から徴収する税金、各藩の規模、武士の給与は、すべて石高で示されていたのです。

江戸時代、幕府や諸大名、武士階級の主な収入は、領地の農民からの「年貢米《ねんぐまい》」でした。それを「マネー（通貨）」に換金して、幕府から命じられた天下普請《てんかぶしん》や、参勤交代の費用をはじめ、家臣への給料、領地経営経費などの支払いに充《あ》てていたのです。

また、これらの支払いとは別に、当時、江戸に武家屋敷を置く諸大名にとって、幕府や他大名との付き合い、さらには情報収集などのための出費は、大きな負担となっていました。そのため、多くの大名たちの懐《ふところ》事情は、赤字状態続きでした。

藩が財政赤字に陥ると、大名は商人からの借り入れをすることで、どうにか急場をしのいでいました。ところが、江戸経済が発展して様々なモノやサービスが生産・取引されるようになると、米価と比べて他の商品やサービスの諸物価が上昇します。すると、年貢米を財源とする藩財政はたちまち圧迫され、武士たちの生活はさらに困窮していきました。

そこで考えられたのが、換金しやすい商品作物を生産して、収益を上げることでした。商品作物の生産量が増えてくると、年貢米を収めたあとも農民たちに余剰が残るようになり、次第に各地の農村にも商品経済が発達していきました。商取引が活発になるにつれて、今度はその決済に使われる「マネー（通貨）」に対する需要が高まり始めます。

なかでも江戸の町は豊かな一大消費地だったため、全国各地で生産される多種多様なモノがもたらされ、各地からの「輸入」が各地への「輸出」を超過する輸入超の状態でした。一方、大坂には全国から物資が集まり、それを江戸に「輸出」するという物流構造が成立していきます。こうした取引の支払いには「マネー（通貨）」が使われるので、江戸から各地方に「マネー（通貨）」が流れ、通貨制度はますます全国に浸透したのです。

武士階級の換金需要に応《こた》えて、江戸で米の換金を請け負っていたのが「札差《ふださし》」でした。現物支給される旗本や御家人から米を買い上げて換金することで、米本位制と金属貨幣経済を仲介する役目を担う彼らは、幕臣から買い上げる際の米価と、江戸社会で売却する際の米価の差益で莫大《ばくだい》な利益を得ます。彼らはまた、その利益を元手にして、金貸しも生業《なりわい》としていました。

シニョレッジ（通貨発行益）とは何か

金属貨幣経済の発展により、武士たちは自《おの》ずとその中に取り込まれていきます。農村でも米を生産しない地域は、金貨や銀貨で年貢を納める形へと変化していくのです。金属貨幣経済の発達は、支配階級である武士が頼ってきた米本位制の構造的な欠陥を露呈させ、これにより、幕藩体制の基盤も揺らぐかに見えました。

にもかかわらず、その後も幕藩体制は続き、人々に繁栄と安定をもたらします。その理由は、江戸時代には米本位制だけではなく、金銀銅本位制も並存していたからと言っていいでしょう。金銀銅本位制の下、幕府は「貨幣の改鋳」によって収益（シニョレッジ）を得ることができたのです。

一方、各地の大名たちは、「紙幣」（藩札《はんさつ》）を発行したり、富裕商人から借り入れするなどして財政基盤の維持に努めていました。

ここで、シニョレッジ（通貨発行益）について、説明しておきましょう。

この言葉は、もともと中世のヨーロッパで、貨幣の鋳造権者が鋳造依頼者に課した実費以外の手数料を指していました。

中世のヨーロッパでは、民間人が通貨鋳造権者（国王や領主）の所有する造幣所に金銀を持ち込み、品位、量目などが保証された「マネー（通貨）」の鋳造を依頼していました。その際、通貨鋳造権者は鋳造費用のほかに、持ち込まれた金属の一部を手数料として留保していたのです。この留保分がシニョレッジと呼ばれました。

江戸時代のケースで言うと、貨幣の改鋳をする際、従来の貨幣よりも金属の含有量を減らすことで、額面は変わらずとも鋳造費用を大幅に削減できました。そして、この差額の部分がシニョレッジとなったのです。

江戸時代の通貨制度と各藩の経済発展を支えた藩札

江戸時代、貨幣経済は人々の間に広く浸透し、発展を遂げましたが、その過程について、もう少し探っていきましょう。

通貨制度確立の萌芽の1つは、江戸時代以前の文禄《ぶんろく》4年（1595）にすでに見られます。豊臣《とよとみ》政権内ですでに大きな力を蓄えつつあった家康は、この年に江戸に金座（金貨の鋳造および鑑定、検定を行う独占的な組織）を開設しました。そして、豊臣秀吉《ひでよし》の家臣として金貨（金判）を鋳造していた後藤《ごとう》家の後藤庄三郎光次《しょうざぶろうみつつぐ》（橋本《はしもと》庄三郎）

を初代管理者として招き入れ、金判の鋳造・発行を開始するのです。現在の中央銀行業務の１つがここで担われていたわけです。

金座は、日本銀行の本店がある現在の日本橋本石町《ほんごくちょう》に開かれましたが、京都、佐渡《さど》、駿河《するが》といった江戸以外の場所にも設置されます。その後、慶長６年（１６０１）には、家康は伏見《ふしみ》（現在の京都市伏見区）に「銀座」を設けて慶長銀の鋳造も開始し、それまでの灰吹銀を回収して新しい銀貨へと改めるのです。

戦国時代、金貨と銀貨は、各地で質や額面が不均一の状態で鋳造されていました。家康はこれを正し、人々の間で浸透し始めていた銭貨を中心とする新たな通貨制度を全国に行き渡らせ、幕府の通貨発行権を強化していくのです。

この方針に従い、金座や銀座で、慶長大判や小判、丁銀、豆板銀といった慶長金銀の鋳造が始まりました。

ただし、銭貨については、統一された銅貨（銅銭）である「寛永通宝《かんえいつうほう》」が発行され、それまで使われていた中国の宝銭に取って代わるのは、幕府の権力基盤が盤石になった徳川家光《いえみつ》時代の寛永13年（１６３６）になってからのことでした。寛永通宝は江戸時代を代表する銭貨であり、「銭座」で鋳造され、明治初期まで流通しました。寛永通宝により三貨制度が確立し、徳川幕府は通貨発行権を完全に掌握するのです。

明和期《めいわき》（１７６４～７２年）には、銭は金座と銀座の２つの貨幣鋳造機関で鋳造されるようになります。これら金座と銀座は、民間人が世襲で経営する自営業者で、鋳造、検定、刻印、包封までの業務を行う専門集団で、鋳造手数料を収入としました。

江戸幕府が主導する通貨制度が発展する一方で、各地の大名は金札、銀札、銭札といった独自紙幣の発行を始めます。これらは「藩札」と呼ばれ、幕府発行の金属貨幣（正貨）が不足したときの補完目的、および各藩の財政対策のために用いられました。藩札発行の条件は、幕府が鋳造する小判や一分金（一両小判の補助的金貨）と兌換《だかん》可能であることでした。さらに藩札は、これを発行した藩の領内においてのみ、使用可能とされます。

幕府は、自ら鋳造する金属貨幣の流通促進のため、宝永《ほうえい》4年（１７０７）に藩札の発行をいったん禁止しましたが、享保《きょうほう》15年（１７３０）には再び解禁し、その状態が幕末まで続きます。幕府が藩札の発行を各藩に許さざるを得なかったのは、正貨が慢性的に不足していたからです。

戦国時代から始まった金銀鉱山の発見と増産を背景に、幕府は当初、大量の「マネー（通貨）」を世の中に供給することができましたが、全国の鉱山で金銀産出量が減るにつれて、「マネー（通貨）」の全体的な供給能力は頭打ちになっていきます。ところが、これとは逆に、商品経済の発展に伴って「マネー（通貨）」の需要が格段に高まったため、マネーの需要は供給を上回るようになっていったのです。

「マネー（通貨）」の需要が供給を超えて需要超過となると、「マネー（通貨）」の不足から十分な商取引ができなくなり、経済活動が阻害されてしまいます。この状態では、商品などの価値が「マネー（通貨）」に対して低下するので、一般物価が下落する（つまりマネーの価値が上昇する）「デフレ」状態になってしまいます。幕府は、こうした経済活動が制約される弊害を軽減して、直轄地だけではなく、各藩での商取引をも引き続き活発化させるため、藩札を認めざるを得なかったのです。

ところが、各藩が藩札を発行し過ぎたせいで、正貨との兌換（交換）に応じるための正貨の準備金が底をつき、兌換に応じられずに債務不履行（デフォルト）を宣言する藩も出てきました。こうなると、藩札はもはや信用力を失った紙くず同然となり、モノやサービスを買えなくなります。債務不履行となった藩札を所持する領地内の農民たちが生活に困窮し、怒りを爆発させて、農民一揆《いっき》に発展するケースもありました。

一方、領地内の特産品を藩が専売品として、その売却代金を藩札で決済するような場合には、藩札の存在は非常に機能的でした。そうした特産品は、藩が指定した特定の商人が取り扱い、その商人の信用が藩札の価値を保証していたのです。

このように、商人たちの存在は、藩札の流通（藩内経済）に欠かせないものでした。彼らは藩内において特産品の産地形成にも影響を及ぼし、さらには、大名家への融資にも応じていました。

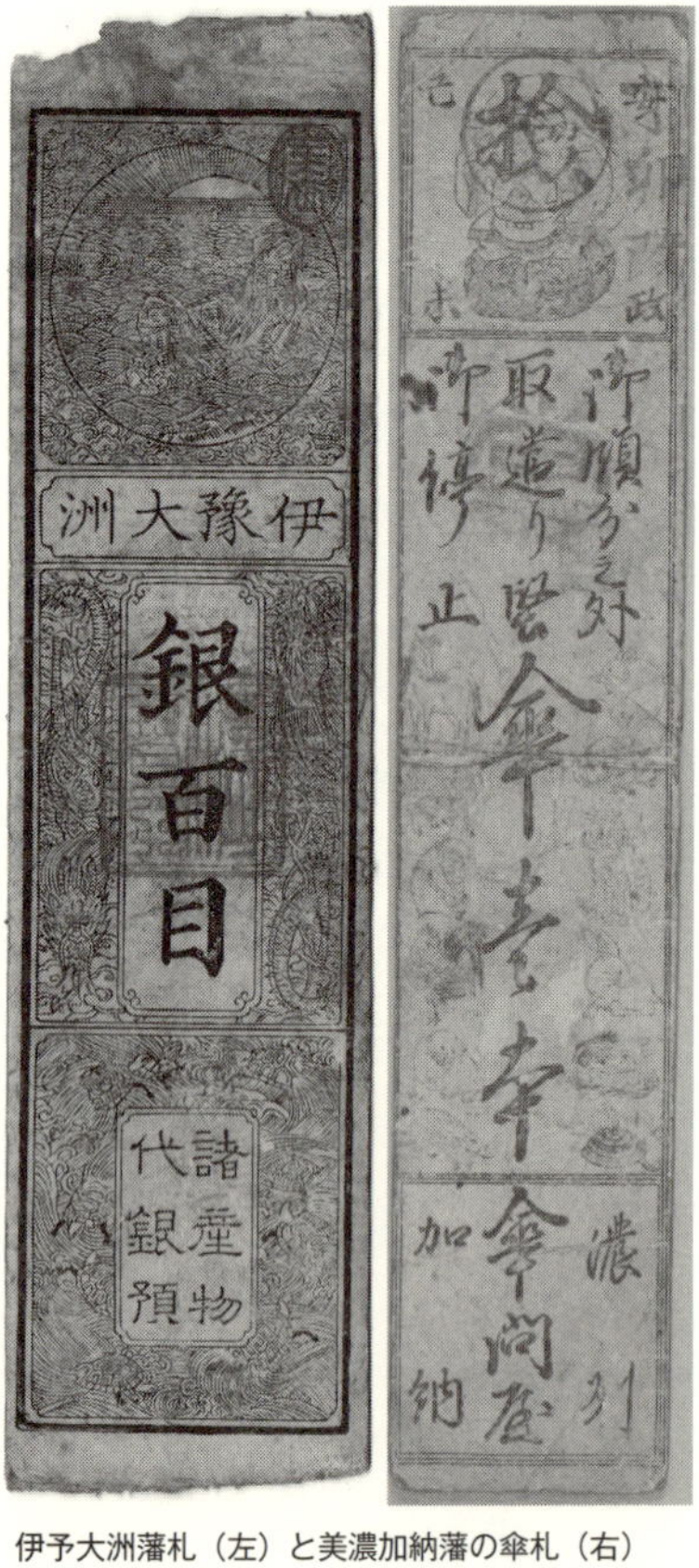

伊予大洲藩札（左）と美濃加納藩の傘札（右）
加納藩は特産品である傘の専売制を設け、傘やその部品の数量を額面とする藩札を発行した

貨幣の改鋳はなぜ行われたのか？

8世紀に始まった平安の時代から、日本は金の産出国として歴代の中国王朝に知られていました。13世紀に元《げん》（中国）を訪れたマルコ・ポーロが、その際に日本の噂《うわさ》を耳にして、『東方見聞録《とうほうけんぶんろく》』の中で日本を「黄金の国」として紹介したことは、よく知られています。

マルコ・ポーロが日本について語った内容には、多分に誇張が含まれているのも事実です。しかしながら、16世紀から17世紀初めにかけて、日本における金の産出量は世界の総産出量の3分の1を占め、必ずしもすべてが誇張だったわけではないようです。さらに言えば、日本には、銀と銅の生産に関しては、世界一の産出量を誇った時期もあります。

当初、金銀銅がたくさん産出された日本では、豊富な金属資源の存在を背景に、1600年代までは、むしろ一般物価の値段が上昇する（つまり、通貨価値が低下する）「インフレ」状態が続いていました。ところがそれ以降は、金銀の産出量が伸び悩んだため、「マネー（通貨）」の供給量の伸びが鈍化していきます。

17世紀の国際貿易の場では、輸入品の支払いは銀で行われており、輸入の増加に伴って日本からは膨大な量の銀貨が海外に流出しました。その結果、1680年代になると貨幣不足は深刻な状況になり、「マネー（通貨）」の価値は上がり、逆に物価は下落していきます。

金貨や銀貨が不足すると、大都市江戸では全国各地のモノの買い入れ（輸入）に対する支払いが難しくなり、江戸の経済活動は停滞してデフレが発生しました。

こうした事態を切り抜けるために幕府が行ったのが金属貨幣の「改鋳《かいちゅう》」でした。金の産出量が頭打ちになる中で、貨幣に含まれる金の含有量を減らし、貨幣発行量を増やしてインフレを起こそうとしたのです。

しかし、当時は貨幣の供給量が需要に追いつかない状態だったため、貨幣改鋳を行っても、そう簡単にはインフレ状態にはなりませんでした。

江戸時代に実施された貨幣改鋳は、今日的に言えば、「マネー（通貨）」の供給量を増やすための「金融緩和政策」だったと言えます。金属が足りない中、デフレに陥った日本経済を立て直すため、貨幣改鋳という金融緩和政策を実行し、これによって経済を活性化させようとしたのです。

中毒的な魅力を持つ貨幣改鋳

江戸時代に行われた最初の貨幣改鋳は、徳川綱吉《つなよし》将軍下の元禄《げんろく》8年（1695）に、老中格の柳沢吉保《やなぎさわよしやす》や勘定奉行吟味役だった荻原重秀《おぎわらしげひで》が主導して行われました。歴史の教科書で「元禄の改鋳」と呼ばれるものです。

貨幣発行量が減少し、慶長金銀の海外流出にも歯止めがかからず、国内の貨幣流通量は減る一方でした。そこで、良質な慶長金銀を改鋳し、質の劣る元禄金銀を発行したのです。これにより、金含有率はそれまでの84％（慶長小判）から57％（元禄小判）へと、大幅に下げられました。この元禄の改鋳が行われたあと、貨幣の流通量は最大で8割ほど増え、デフレ圧力は和らいでいったのです。

先に述べたように、元禄の改鋳は、勘定奉行吟味役の荻原重秀が推し進めた政策です。勘定奉行は現在で言えば政府であり、荻原はその経済担当の役人に相当します。当時はまだ中央銀行は存在せず、幕府（政府）が財政・金融政策も担っていました。

幕府が貨幣改鋳に踏み切ると、江戸から全国各地に向けて「マネー（通貨）」が行き渡り、再び全国で経済活動が活発化しました。江戸などの大都市でも景気が上向き、それが元禄文化の発展へと結びついていきます。

改鋳によって幕府が得た出目《でめ》（改鋳差益）は、幕府歳出の3年半分に相当する500万両ほどでした。荻原は、膨張する財政支出を出目で賄いました。金貨に続き、銀貨についても銀と銅の含有量を調整し、幕府は出目を稼いでいきます。

ところが幕府のこの改鋳政策は、将軍綱吉の放漫財政のつけを払うものだとして、次第に批判の声が高まります。

幕府は慶長金銀を回収し、元禄金銀の流通を促すために法令を出しますが、期待したような回収実績を得られませんでした。

金貨の品質低下は銀貨のそれよりも大きく、このため金貨は嫌われ、銀貨の使用が好まれるという現象が発生します。また、質の高い慶長金銀を退蔵する人が増えたため、元禄金銀との交換はなかなか進みませんでした。

改鋳によって生じる出目の誘惑は大きく、勘定奉行吟味役の荻原は、さらに宝永《ほうえい》5年（1708）、「宝永通宝」という低品質の10文銭貨を大量に発行します。続いて荻原は、金属の含有量を抑えた永字銀《えいじ》、三ツ宝銀《みつほう》、四ツ宝銀《よつほう》、乾字金《けんじ》などの銀貨や金貨を独断で発行し、莫大な出目を稼いでいきました。その結果、貨幣の供給が需要を超えて、貨幣の過剰供給を招き、ついにインフレを発生させてしまいます。

そうしたなか、宝永の大地震や富士山噴火が立て続けに起こり、物価の高騰に拍車がかかると、ついに過剰インフレを抑え切れなくなるのです。最終的に荻原は政敵である新井白石《あらいはくせき》に非難され、正徳《しょうとく》2年(1712)に失脚しました。

継続的な財政赤字と江戸幕府の終焉

荻原の後を継いだ新井白石は、それまでの方針をすぐに転換し、通貨の金銀含有量を元に戻しました。ところが、これによって貨幣供給量は極度に減少し、深刻なデフレを引き起こしてしまいます。

このデフレを解消したのが、徳川吉宗《よしむね》による元文《げんぶん》の改鋳でした。元文元年(1736)に実行された改鋳では、「増歩《ましぶ》」という交換方式が採用されています。増歩は通貨の質を低下させますが、旧貨幣1に対して新貨幣1.5が割り当てられるので、幕府は出目を得られませんでした。

元文の改鋳後の名目貨幣残高と物価の推移から、この時期は低インフレと高成長が実現し、リフレーション効果が発揮されたと言われています。

元文の改鋳では高成長を実現できましたが、その後も幕府の財政赤字が根本的に解消されることはなく、文政《ぶんせい》・天保《てんぽう》の改鋳、安政《あんせい》・万延《まんえん》の改鋳と、二度にわたって改鋳が行われることになります。その後も幕府の財政は慢性的に芳しくない状態が続いており、そのたびに通貨の発行や改鋳が行われました。

ただ、少なくとも天保期(1830〜44年)のころまでは、貨幣についての幕府に対する信認は、広く受け入れられていたとの見方があります。しかし、天保の改革(1841〜43年)が失敗すると、幕府財政は破綻《はたん》状態に近づいていくのです。

天保の改革とは、老中の水野忠邦《みずのただくに》が断行した質素倹約や年貢の増収などを目的とした財政再建策でしたが、需要が極端に抑制されたのでデフレを引き起こしました。大名や旗本、領地内の領民の反発、および「大奥」による排斥運動もあり、水野が失脚すると、財政再建は頓挫《とんざ》します。終わってみれば、緊縮財政政策の実行がいかに難しいかを物語るだけのものとなりました。

さらに幕末に近づくと、貨幣の鋳造は乱雑さを増し、粗悪な銅製の銭が発行され、人々の信頼も失われて、「マネー(通貨)」の信用力は低下していきます。幕府の財政は改善の兆しを見せず、黒船来航後には、軍備増強や沿岸防衛に多額の費用が注ぎ込まれることとなりました。

この時期、幕府は「御用金《ごようきん》」で何とか財政難を克服しようと試みます。御用金とは、幕府財政を支えるために臨時に農民や商人に課されるお金です。しかし、幕府は償還期限や利息を明確にしなかったため、徴収率は低い水準にとどまりました。これを受けて、幕府は手形での納入や分割納入も認めざるを得ない状況に追い込まれます。たび重なる御用金令の発令は、ついに前回割り当て分の御用金が完済される前に行われるようになりました。いよいよ幕府財政の破綻が近づいてきたのです。

大坂での景気が下降線をたどり始めると、御用金に反発する商人たちが増加し、幕府そのものの威光も低下していきます。

その後も幕府の威光は回復することなく、慶応《けいおう》4年（1868）4月11日、新政府が江戸無血開城を実現し、金座と銀座は新政府の管轄下に置かれることとなるのです。

日本初！全国に流通する「太政官札」の誕生

明治時代が幕を開けたとはいえ、社会の多くの側面で、江戸時代の仕組みを引き継ぐ状態が続いていました。通貨制度に関しても、慶応3年（1867）の大政奉還で、明治政府は通貨発行権を掌握し、新しい通貨制度を導入する方針を固めていましたが、すぐに新制度を採り入れることは難しいとの判断に至ります。

当時はまだ、金貨、銀貨、銅貨のほか、各藩が乱発した藩札も大量に存在しており、通貨単位もばらばらで混乱状態でした。そのため、すぐに通貨の統一ができる状態ではなかったのです。また、それまでと同じ貨幣を供給し続けないと、人々の経済活動が妨げられてしまう恐れもありました。

　こうしたことから、金座と銀座を接収したあとも、それを活かす形でしばらくは従来型の通貨制度を踏襲していくのです。慶応4年、明治政府は江戸幕府が発行してきた金銀貨幣を、相場価格で通用させるように命じています。

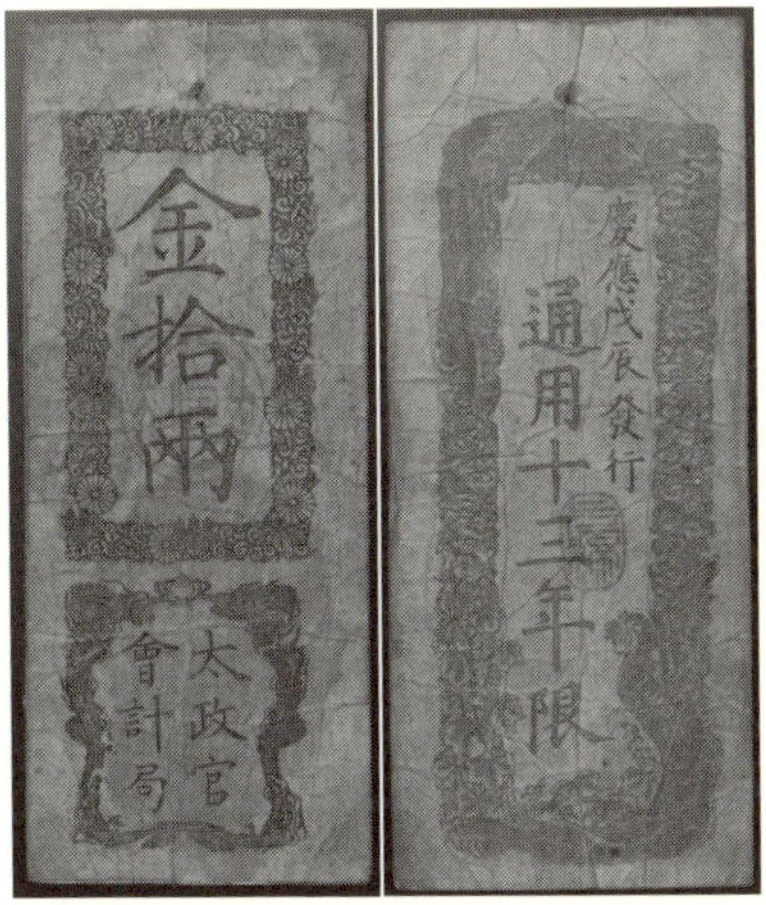

全国で使用できた「太政官札」（左：表、右：裏）

　慶応4年に起きた象徴的な出来事の1つとして、軍事費調達や殖産資金など緊急の歳出のために、明治政府が日本最初の「不換紙幣」である金札（太政官札《だじょうかんさつ》）を発行したことが挙げられます。このお札は、金との交換ができないため、不換紙幣に位置づけられます。

　太政官札は、全国で通用する記念すべき日本最初の政府紙幣でした。額面は、10両、5両、1両、1分、1朱の5種類で、単位は江戸時代と同様に両が使われています。

ただし、戊辰《ぼしん》戦争がまだ完全には終結していない時期だったこと、新政府への信頼が不十分だったこと、過剰な発行数だったことなどの要素が重なり、人々の間にはなかなか流通しませんでした。この太政官札は「通用期間は13年間」という期間限定で発行され、特段の兌換準備もなければ、発行額に制限もなかったため、増刷されるたびに価値が落ちていきました。

「円」の登場

維新直後は江戸時代からの通貨制度に頼らざるを得なかった明治政府ですが、欧米先進国と肩を並べる国家を作るためには、独自の通貨制度を確立しなくてはならないと判断し、政府は着実に改革を推し進めていきます。

慶応4年（1868）閏《うるう》4月、新政府内の会計官という機構に貨幣司《かへいし》が新設され、旧金座と銀座で働いていた人たちは貨幣取調方附属を命じられました。さらに、貨幣司の責任者を貨幣司知事に任命します。翌年の明治2年（1869）になると、貨幣司を廃止し、造幣局が設置されます。造幣局は同4年に操業を開始し、のちに造幣寮と改称されて大蔵省の所属に変わりますが、同10年に再び造幣局と名を改めました。造

「新貨条例」に基づいて作られた貨幣
上左から、20円金貨（表・裏）、10円金貨、5円金貨、2円金貨、1円金貨
下左から、50銭銀貨、2銭銅貨、1銭銅貨
2銭銅貨は明治6年に誕生した

幣局は現在でも独立行政法人として存在し、硬貨の製造を行っている組織です。

この明治4年に、いよいよ新しい通貨制度が成立しました。同年5月、明治政府は「新貨条例」を制定し、通貨の単位を「両」から「円」へと変更するのです。

これにより統一通貨＝円が誕生し、1円の定量は純金1・5グラム（純金2分）と決められました。円を通貨の基本的単位として、金貨を「本位貨幣」、銀貨と銅貨を「補助貨幣」とする金本位制に基づく新しい近代的な通貨制度が誕生したのです。

参考までに付け加えると、「円」は元々使っていた「圓」という漢字を簡略にしたものです。中国の通貨「人民元」の元《ユアン》も元々は「圓」だったので、日本も中国も同じ漢字を源流とした通貨単位を使っていることになります。

新制度の下では、円の100分の1を「銭」、銭の10分の1を「厘」とし、従来の通貨単位である両・分・

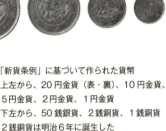

朱から、円・銭・厘に変更されました。実際の貨幣の種類としては、金貨として20円、10円、5円、2円、1円の5種類、銀貨として50銭、20銭、10銭、5銭の4種類、銅貨として1銭、半銭、1厘の3種類が誕生しています。

なお、銭と厘は、昭和28年（1953）に通貨単位としては廃止されましたが、金融取引では1円未満の表記で「銭」という単位が、引き続き使われています。

新たに誕生した金属貨幣（硬貨）は、ヨーロッパの硬貨のような円形のデザインを採用しました。ヨーロッパの鋳造設備をアジア（現在の香港）などから調達し、模倣《もほう》しにくい硬貨の鋳造が始まるのです。

円形は四角形に比べ使用するときに便利であり、角がないので摩損が少なく、大量生産する上で好都合なため、円形とする方針を明治政府が定めます。その後現在に至るまで、硬貨はすべて円形になりました。

また、中央に穴のあいた貨幣を発行するのは、他の額面の貨幣との識別を容易にし、偽造の防止を図るためとも言われています。

「金銀本位制」を採らざるを得なかった明治政府

明治4年（1871）の「新貨条例」に基づく新制度の下、新貨幣の流通が始まりました。これを受け、同７年には、江戸時代から新政府発足までに発行された金貨と銀貨について、公納以外での一般通用が禁止されます。この政策には、旧貨幣を回収し、新硬貨の原料として使う狙いもあったようです。藩札については、同４年12月の布告により、廃藩置県時点（明治４年７月14日）での実勢価格で政府紙幣との引き換えを進めます。

この結果、古い金貨と銀貨、藩札は使えなくなりました。しかし例外として、銅銭などの小額貨幣に関しては、金融や流通の円滑化を図るために、引き続き使用可能な状況が続きます。

明治４年に制定された新貨条例では、金本位制の導入も決まりました。この背景には、アメリカに出向いた大蔵省の伊藤博文《いとうひろぶみ》が、欧米など世界の通貨制度の主流は金本位制に向かいつつあると判断し、大蔵卿（現在の財務大臣）に建言したという経緯があります。

新貨条例では、ドルとの交換レートも定められました。１両が１アメリカドルにほぼ等しいこと、さらに両と円は対等であると規定されたため、換算レートが１ドル金貨＝１円金貨（１ドル＝１円）に設定されます。

ただし、新貨条例が公布される直前の日本では、銀本位制を採用していた経緯があるため、１メキシコドル銀貨とほぼ同一品位である１円銀貨を鋳造することも仮決定しています。幕末の混乱期に金が大量に海外へ流出していて不足していたことや、当時の清《しん》国を含むアジア諸国との貿易では銀が決済通貨であったこと、横浜などの開港場では銀決済がなされていたことも、政府の仮決定に大きな影響を与えていました。また、外国貿易により国内に大量のメキシコドル銀が存在していたため、銀貨の活用が望まれたのです。

新貨条例によって金本位制を謳《うた》ったものの、本位貨幣の1円金貨とともに外国貿易用に限定的に1円銀貨を鋳造し、開港場では無制限に1円銀貨の使用を認めたため、通貨制度の実態は、「金銀本位制」でした。

金本位制の維持に必要な金が不足していた日本では、新貨幣の円金貨の鋳造は円滑に進まず、経済基盤も弱く貿易赤字に直面していました。さらに銀価格の低下もあって、物資を輸入するたびに正貨である金貨の国外流出が続きました。

このとき銀価格が下落していたのは、アメリカの銀鉱山で銀の大量生産が始まり、世界的に銀の供給が増えていたことが原因でした。銀価格の下落は、実態としては銀本位制になっていた日本の円の価値を下落（円安に）させます。

その結果、輸入品の価格は高騰し、国内の物価も上昇しました。人々の生活が困窮の一途をたどると、物価を安定させるには金本位制へ完全に移行することが必須だと政府は判断します。とはいえ金本位制には大量の金準備が必要であり、すぐには実現できない厳しい状況が立ちはだかっていたのです。

ドイツ製の新紙幣の発行

日本を近代国家へと発展させることを目指しつつ、通貨制度改革を進めてきた明治政府は、紙幣発行の必要性も実感していました。

当時の日本には太政官札に加えて、府県札、民部省札、民間が発行した為替会社札などの紙幣が混在し、そこに多くの偽札が紛れ込んでいるといった状態でした。そこで政府は、これら各種の旧紙幣を回収することに加え、偽札を減らして、近代国家にふさわしい洗練された紙幣を発行したいと考えたのです。

ところが、明治初期の日本には、そうした紙幣を印刷する技術がありませんでした。そこで、紙幣発行で高い技術を持つドイツの印刷業者に原版の製造を依頼し、明治通宝札《めいじつうほうさつ》と呼ばれる新紙幣の発行に乗り出すことになるのです。不換紙幣である明治通宝札の発行により、政府は旧紙幣の回収および紙幣の統一を試みます。

明治5年（1872）、印刷が終わって新紙幣が日本に持ち込まれると、国内において紙面に「明治通宝」「大蔵卿」などの官印が押され、いよいよ明治政府による日本初となる紙幣の発行が開始されます。

ドイツで印刷されたため、新紙幣は「ゲルマン札」とも呼ばれます。洋式印刷によるもので、日本人にとっては斬新なデザインでした。

すべてが順風満帆と思われたのも束の間、問題が浮上しました。額面によるデザインの差異がないため、額の異なるお札を分別するのが難しく、その欠点に目を付けて、額面に細工を施した偽札が出回り始めたのです。さらに紙質が日本の気候に合わず、変色や損傷が生じやすかったため、政府は紙幣の改定を迫られました。

新たな紙幣の印刷については、ドイツの紙幣原版の一部を使いながら、日本に建設した工場で行うことが決まります。

新発行の紙幣は「改造紙幣」と呼ばれ、全国に流通していきました。しかしその後、政府によって大量発行されたため、次第に供給過剰に陥るのです。

民間銀行による国立銀行券の発行

通貨制度が改善されていくと同時に、銀行設立に関する社会的機運が高まりました。そこで明治政府は、明治5年（1872）、アメリカのナショナルバンクをモデルにした「国立銀行条例」を制定します。これにより、民間資本による4行の国立銀行（ナショナルバンクの直訳）が誕生しました。これらの銀行には、一定の発行条件の下で国立銀行券という紙幣の発行権が与えられます。当初の国立銀行券は、明治通宝札のような不換紙幣ではなく、正貨（金貨）との交換ができる兌換《だかん》紙幣でした。

紙幣を民間銀行に発行させた背景には、「紙幣は民間経済の動向と貨幣需要に応じて発行すべきであり、政府が発行するのは適切でない」との考えがあったからです。紙幣の原画は日本で作成され、印刷はアメリカで行われました。

しかし、国立銀行条例に基づいて設立された国立銀行4行は、金が不足したことから国立銀行券の発行が限定され、経営難に陥ります。そうした状況の中、やむなく明治政府は、明治9年に国立銀行条例の改正によって国立銀行券の正貨兌換義務を停止し、国立銀行券を不換紙幣とします。翌10年には、寸法や図柄が一新された新紙幣が発行されました。

政府はこれを機に明治通宝札を回収し、同時に、国立銀行に殖産資金を供給する役割を担わせることを計画します。

国立銀行券を不換紙幣とした結果、銀行は採算がとれるようになり、国立銀行の設立が各地で相次ぎました。明治12年末には、国立銀行の数は153行にまで増えていきます。これらの銀行が発行した紙幣は、いずれも同じデザインで、発行者名のみが異なっていました。また、このころになると国民も紙幣の利用に慣れてきたため、硬貨から紙幣への切り替えが、これまで以上に進んでいきます。

松方正義が推し進めた日本銀行の設立と日本銀行券の発行

明治10年（1877）に西南戦争が勃発《ぼっぱつ》すると、政府はその戦費を調達するため、不換紙幣である国立銀行券のほか、政府自らも不換紙幣を大量に発行しました。そのため、紙幣が過剰に流通するようになり、紙幣の価値は一気に下落して、「マネー（通貨）」に対する信用が大きく損なわれていきます。

幕末から明治初期にかけて、インフレ率が一時2桁《けた》に達しましたが、明治政府による財政構造改革と債務処理により、物価は安定しつつありました。ところが西南戦争をきっかけとして、国内は再び深刻なインフレ状態に陥ります。

そこで明治14年、大蔵卿に就任した松方正義《まつかたまさよし》は「紙幣価値の下落は、不換紙幣の過剰な発行にある」と主張し、緊縮財政を断行して政府紙幣や国立銀行券の整理回収を始めます。さらに通貨価値を安定させるため、ヨーロッパの中央銀行制度を参考にして、正貨と交換できる兌換紙幣を発行する中央銀行の創設も提議しました。中央銀行を中核とした銀行制度を整備し、近代的な金融システムの確立を図ることが、物価安定のためには不可欠だと考えたのです。

松方正義が中央銀行のお手本にしたのは、ベルギーの国立銀行制度でした。ベルギーでは1850年に、中央銀行として100％民間資本のベルギー国立銀行が創立されていたので、これを参考にして明治15年に「日本銀行条例」を制定し、その年10月に中央銀行業務を始めたのです。

1850年以前のベルギーでは、複数の民間銀行が紙幣を発行していました。法律により、それらを決済通貨として使わなければならないと定められていたため、銀行での金属貨幣（硬貨）との交換は一切認められていませんでした。

やがて、こうした民間の銀行券を統一したほうがよいとする見方が強まります。政府との交渉を経て、まずはソシエテ・ジェネラルなど3つの民間銀行が紙幣発行を取りやめ、最後には残る1つの民間銀行も紙幣発行を停止しました。その結果、ベルギー国立銀行が設立され、唯一紙幣を発行する権限を持つことになったのです。

日本初の日本銀行券「大黒札」

ベルギーを参考にして制定された日本銀行条例の下で、明治15年（1882）に日本銀行が誕生します。営業年限30年、資本金1000万円、大蔵省と民間株主が50％ずつ出資する、有限責任の株式会社に類似する組織と定められました。

日本銀行初代総裁には、旧薩摩《さつま》藩出身で松方正義の下で働く大蔵少輔《おおくらのしょう》（現在の財務省事務次官）の吉原重俊《よしはらしげとし》が就任します。

日本初の日本銀行券。大黒天が描かれているため、「大黒札」と呼ばれた

日本銀行の開業から2年半が経過した明治18年、「兌換銀行券条例」に基づき、ついに日本銀行による銀行券の発行にこぎつけます。最初に発行されたのは10円紙幣で、券面に商売の神様である大黒天が描かれていることから、「大黒札」とも呼ばれました。

この紙幣の表面には、「本位貨幣（正貨）である銀貨10円と交換できる」旨が記されており、兌換紙幣とされました。当初、ヨーロッパ主要国にならって金本位制の導入を目論みましたが、蓄積されていた正貨が「銀」だったため、銀本位制を採らざるを得なかったのです。

日本銀行の設立により、硬貨は政府が発行し、日本銀行券（紙幣）は日本銀行が発行するという棲《す》み分けがなされることになりました。その後、日本銀行券が市場に流通し、回収が進められていた国立銀行紙幣と政府紙幣は、明治32年末に通用が停止されます。

松方正義による一連の金融改革は功を奏し、日本は大インフレから脱却するのです。

アメリカが世界経済を席巻する時代へ

明治から大正にかけての日本——金本位制度の実現

アメリカやヨーロッパの多くの国では、19世紀後半、すでに銀本位制から金本位制に移行していました。欧化政策を進めていた日本は、これらの国にならい、金本位制の導入を模索します。

金本位制を導入したい明治政府に、それを実現するための転機をもたらしたのは、戦争でした。日清戦争に勝利した日本は、明治28年（1895）に、清国から銀2億3000万両ほどの賠償金を獲得します。このとき大蔵卿だった松方正義は、賠償金を金で受け取ることを講和条約に盛り込み、イギリス金貨で3800万ポンドを分割で得られるようにしたのです。

この金を準備金として、明治30年、「貨幣法」が新施行され、ようやく金本位制が

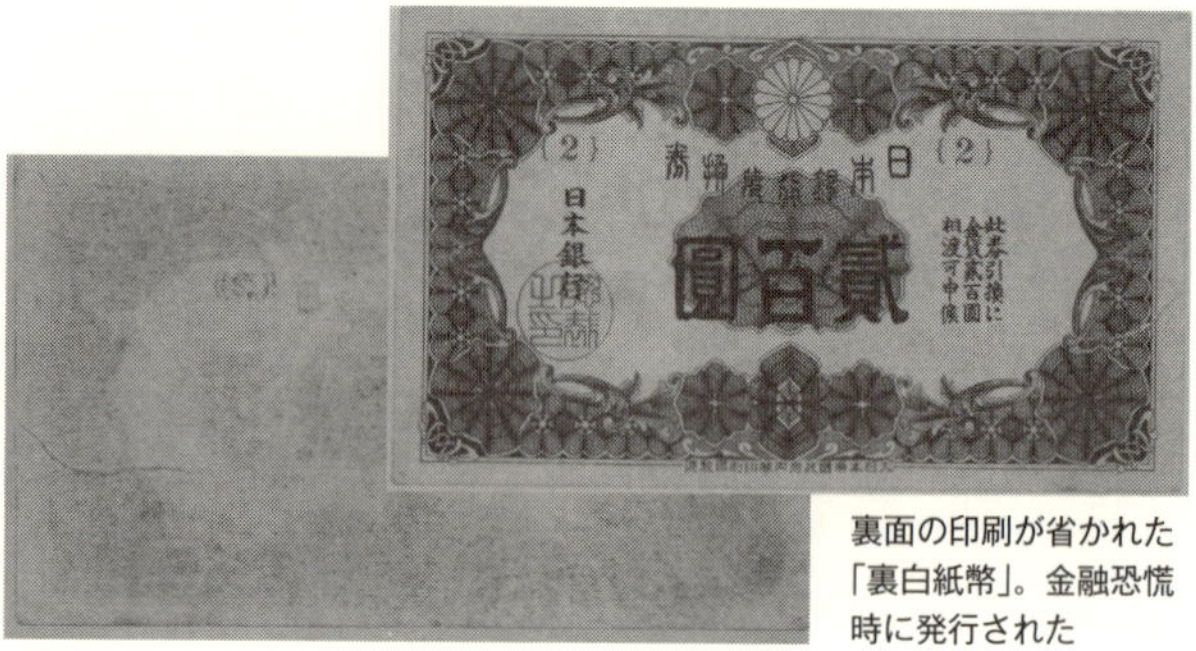

裏面の印刷が省かれた「裏白紙幣」。金融恐慌時に発行された

採用されます。1円は金0・75グラムと等価と定められました。これに合わせて、金貨と引き換え可能な「日本銀行兌《だ》換《かん》券」が発行されたのです。

その後、大正3年（1914）に始まった第1次世界大戦による戦争特需の恩恵を受けた日本では、日本銀行兌換券の需要が増大します。

ところが、第1次大戦中の大正6年、アメリカやイギリスに追随して金の輸出を禁止し、事実上、金本位制を放棄しました。その結果、大戦中から大戦後の大正9年までに不換紙幣が大量に発行され、平均20％ほどのインフレ率を記録して大インフレが発生します。インフレが引き起こされたのは、戦争により国際物価が高騰したことと、戦費調達のための国内通貨の発行増加が原因でした。

第1次世界大戦が終結したあと、戦場となったヨーロッパ諸国は疲弊していました。しかし、徐々に経済復興の兆しを見せ始めると、日本の輸出は減少していきます。このため国内産業は不況の波に飲み込まれ、大正12年に発生した関東大震災が重なり、日本経済は大きなダメージを被ります。4年後の昭和2年(1927)には、昭和金融恐慌が勃発し、1920年代は年平均4%のペースで物価が下落するデフレに見舞われました。

金融恐慌に対し、日本銀行は日本銀行券を大量に発行して預金者の不安鎮静に努めます。同時に政府は、3週間のモラトリアム(支払猶予令)を発令するなどの措置を講じますが、預金の引き出しに殺到する人々を抑制することはできず、各地で銀行の取り付け騒ぎが起きてしまいます。不足する日本銀行券を補塡《ほてん》するため、日本銀行は裏面の印刷を省いた200円券(裏白券)を発行し、事態の鎮静化に奔走するのです。

ニューヨークの株価大暴落と世界大恐慌の発生

一方、アメリカは、イギリスやフランスに戦費を貸し付けていたほか、大戦中には軍事物資を輸出して儲《もう》けたため、大戦を契機に対外債務国から対外債権国に転じました。自動車産業の発展もあり、世界がうらやむほどの好景気を謳歌《おうか》するのです。

第1次大戦が終わってすぐの1919年、アメリカは金輸出を解禁することで金本位制への復帰を果たします。これに追随して、他の主要国も相次いで金本位制へと復帰しました。

日本も金解禁によって金本位制に復帰しようと模索しましたが、慢性的な不況が収まらず、実現できない状態が続きます。円の為替レートは安定せず、下落（円安）圧力は相変わらず強く、その好機は訪れませんでした。

為替レートの安定を望む経済界からの強い要請を受けた政府は、緊縮財政と金融引き締め政策によって需要を抑制するデフレ政策を断行し、輸入を抑えてドル準備の蓄積に努めます。

昭和4年（1929）11月、円の価値がようやく安定し始めると、翌年1月から金解禁を行い、金本位制へ復帰すると発表しました。法定平価は、旧平価と同じ100円＝49・85ドルとし、日本銀行券と金の交換可能な兌換紙幣の発行が定められたのです。これは、当時の実勢より円高にした形でした。

ところが、このタイミングは最悪で、1929年10月、ニューヨークのウォール街での株価大暴落が発端となって、1933年まで続く世界大恐慌が発生したのです。株価暴落に端を発してアメリカの景気は後退しますが、日本政府はその影響は世界には波及しないだろうと判断しました。このため、貿易赤字に直面しているにもかかわらず、金の解禁決定を堅持し、すでに定めた為替レートを維持しようと一段と需要を抑制する緊縮政策を断行したのです。

それを見た投機家が、ドルを売って円を買い、その円を金と交換する為替取引を増やしたことで、金は大量に日本国外に流出しました。こうして金解禁の1年後の昭和6年末には、再び金輸出を停止せざるを得ない状況に至るのです。

一方、株価が暴落したアメリカでは、銀行倒産が相次ぎ、銀行危機が発生します。金本位制を維持し、資本の流出を防ごうと、アメリカは国内の金利を引き上げました。

当時のアメリカは、金が流通している状態にありました。したがって、中央銀行であるFRB（連邦準備制度理事会）は、その金を買い入れて国内に「マネー（通貨）」を供給し、景気浮揚を図ることができたはずなのですが、逆に「マネー（通貨）」の供給を抑制するというミスを犯してしまいます。この金融引き締めにより、景気後退に一段と拍車がかかり、就任まもないフランクリン・ルーズベルト大統領は1933年に、ドルと金の兌換を停止する決定を下し、金本位制を放棄します。

世界を見回しても世界大恐慌による打撃は深刻で、イギリスは、外国へ流出して金準備が不足したため、1931年9月に世界に先駆けて金本位制からの離脱を宣言します。その他のヨーロッパ各国も、イギリスに続いて金本位制を停止していきました。

統制色が強まる戦時下の日本銀行法（旧日本銀行法）

昭和初期の日本経済の混乱期に活躍した重要人物として、高橋是清《たかはしこれきよ》が挙げられます。

彼は大正から昭和にかけて、大蔵大臣（現在の財務大臣）を6度も務めた人物です。

高橋は6度目となる大蔵大臣を務めていた昭和7年（1932）当時、禁じ手と知りながらも、財政出動の財源を捻出《ねんしゅつ》するため、「日銀引き受け」つまり政府が発行する国債を日銀に直接買い入れさせることを決断します。

しかし、それによる大インフレが予想されたので、日本の景気回復が軌道に乗り始めると、政府の歳出削減を強く要請しました。この際、歳出削減の一環として軍事予算を縮小しようとしたために軍部の怒りを買い、クーデターを画策した青年将校らによって暗殺されてしまいます（二・二六事件）。

その後、昭和16年に太平洋戦争が開戦しました。その真っ只中《ま　ただなか》の昭和17年、統制色の強い「日本銀行法」が公布され、それまでの日本銀行条例は効力を失います。

新法には、株主総会の廃止、内閣による日銀総裁と副総裁の任命、日銀総裁の推薦を受けた上での大蔵大臣による日銀理事の任命、政府によるこれら役員の解任権などが明記されていました。

役員集会は存続し、引き続き中央銀行業務の執行について重要な事項を審議すると定められましたが、実際には日銀総裁が意思決定をし、副総裁と理事に投票権はありませんでした。

また、新法の発効によって、日本銀行券と金貨との交換が停止されました。昭和18

年に発行された券面からは「兌換」（金貨引換）の文言が消え、額面の表示は「日本銀行兌換券」から、不換紙幣であることを示唆する「日本銀行券」に変わっています。金属や金属貨幣の裏付けのない通貨の発行ですから、政府の裁量で無制限に発行される可能性が一気に高まったのです。

ブレトンウッズ体制下、国際通貨として君臨するドル

第2次世界大戦を境にして、世界経済の牽引役《けんいんやく》は、それまでのイギリスからアメリカへと移っていきます。この変化を受けて、ドル金本位制とも言える金融制度が、世界規模で整えられていくことになりました。

第2次世界大戦も終結に近づいた1944年、世界最強の経済力を誇るアメリカを中心とした45か国は、アメリカのニューハンプシャー州ブレトンウッズで、ドルの価値を金の一定量に合わせて安定させることを決定（1オンス＝35ドル）します。その他の国々は、自国通貨をドルにリンクさせる制度を整備することになりました。これが有名な「ブレトンウッズ体制」です。この体制は、1971年にアメリカのリチャード・ニクソン大統領がドルと金の兌換を放棄すると宣言する（ニクソンショック）まで続きます。

金との交換を保証するドルを基軸とした「金ドル本位制」の通貨体制にしたのは、アメリカの経済力が世界で圧倒的に強く、経常収支や貿易収支の黒字が巨大だったからです。一方、各国における金の保有量は減少し、金本位制の下での通貨発行は機能しなくなっていました。世界経済や世界貿易の成長を支えるためには、金と直接リンクしない通貨体制が必要だったのです。

それを可能にするのが、ドルを基軸通貨にする新たな国際通貨体制でした。この新体制には、ドルを基軸にする固定相場制を採り入れることで、各国間の貿易や金融の取引に使われる金の需要を減らしてその価格を下げること、さらには金の生産を抑制する目的もありました。

当時、金の産出国は、ソビエト社会主義共和国連邦や南アフリカ共和国が中心でした。そのため、安全保障の観点から安定的な生産に対する懸念がありました。世界経済と貿易のさらなる発展を促すには、安定的な国際通貨が欠かせません。こうしてドルを国際基軸通貨とする体制が構築されたのです。

1950年代、ブレトンウッズ体制は世界で定着し、国際通貨としてのドルの優位性が確立されていきます。

アメリカの強みは世界最大の成熟した金融資本市場

ニクソンショック後も、アメリカは世界の金融センターとしての地位を維持し、世界最大規模の経済と金融資本市場を持つ国として君臨していきます。

財政赤字と経常収支の赤字（貿易赤字）という双子の赤字を抱えながら、ドルの優位性が揺らぐことはなく、現在までアメリカ経済が最強であり続けているのです。

その理由の1つとして、世界で最も発達し成熟した大規模な金融資本市場の存在が挙げられます。アメリカの金融資本市場を見ると、そこにはバラエティに富んだ様々な金融商品があり、売買取引も盛んなため、常に資金が流動する仕組みが構築されているのがわかります。

ところで各国の中央銀行は、自国の政府や民間が大量の対外債務を抱え、債務が返済できずに対外債務危機に陥ったときに、外貨を迅速に供給して支援するため、様々な外貨資産を保有しています。彼らが最も好むのが、まさにドルです。

中央銀行は単にドルの現金を保有するのではなく、必要なときにすぐに売却してドルに換金できるアメリカ国債を大量に購入しています。アメリカは世界各国が欲しがる国債を常に供給している国なのです。

国債以外にも、アメリカには株式や、格付けの高い社債から低いジャンク債、資産担保証券、先物商品など、数々の金融商品が揃《そろ》っています。ここまで成熟した金融資本市場は、アメリカ以外にはありません。こうした背景もあり、ニクソンショック後も世界のお金がアメリカに集まり続けているのです。

アメリカの強みは、世界から集まった資金を国内に留保せず、そのお金を世界に再投資するというお金の流れを作っている点にもあります。

アメリカの国債は需要も大きく、それを購入する世界各国の中央銀行にとって投資リスクはかなり低くなります。それとは対照的に、アメリカが世界に投資する際には、かなりのリスクを負って投資するケースが多く、世界各国の株式や社債、あるいはアメリカの企業による直接投資が積極的に行われています。

アメリカは財政赤字と経常収支赤字の「双子の赤字」を抱えた対外債務国です。それでも各国が主要資産としてドルを欲しがり続けているのは、アメリカがリスクを取りながら世界のお金を還流させ、高い収益を上げる金融センターとしての役割を担っているからと言っていいでしょう。

世界は不換紙幣の時代へ

ニクソンショックでアメリカがドル金本位制を放棄したあとは、以前のように自国通貨の価値を金などの金属の価値にリンクさせる国はなくなりました。

ここから各国は、金属の価値とは無関係の「不換紙幣」(フィアットマネー)を中心とする通貨制度時代に入っていったのです。

すでに見てきたように、不換紙幣にはその価値を裏付けるための、金属や金属貨幣などの担保がありません。紙幣自体に本質的価値はなく、あるのは政府によって法定通貨であると認定されているという事実だけです。

しかし、金属や金属貨幣の裏付けのない紙幣を中央銀行が際限なく発行する、つまりは財政ファイナンスを行うと、ハイパーインフレなどの大インフレを引き起こす恐れがあります。

歴史を振り返れば、時の政府から金融緩和圧力を受けた中央銀行がこれを際限なく受け入れた結果、過度なインフレを招き、国民生活が混乱に陥ったという苦い経験を持つ国が数多く存在します。

最近の例を挙げると、2018年11月にはアルゼンチンでは48%、ベネズエラに至っては130万%と、日本に住む私たちには想像がつかないほどのハイパーインフレが起きました。

こうした国では財政赤字が拡大し、その穴埋めとして中央銀行が大量に「マネー(通貨)」を発行して財政ファイナンスを行ったため、通貨はその信用力を失い、ドルなどの外貨に対して価値が暴落しています。これにより輸入物価の高騰が起き、ハイパーインフレにつながりました。このような物価高を受けて、国民の生活は一段と苦しさを増し、国から逃れる難民の発生を引き起こしているのです。

つまり、フィアットマネーの時代には、「物価安定」を実現することが中央銀行の至上命題となります。人々が安心して自国の通貨を使って買い物ができるような安定的な状況を維持すること。中央銀行の役割は、これに尽きるのです。

この役割を果たすためには、景気拡大の局面では、景気が過熱して大インフレを招かないように、適宜、金融の引き締め政策を実施する必要があります。逆に景気後退の局面では、金利を下げて景気を浮揚させる金融緩和政策を導入しつつ、政府の際限ない裁量（減税や歳出拡大を続けることにより、景気浮揚を永続的に図ろうとする金融緩和圧力）から独立し、物価安定を図るという、最も大切な使命を忘れてはならないのです。

第2章

中央銀行と「お金」

国の重要文化財に指定されている日本銀行本館

中央銀行誕生までの道のり

銀行が発行する紙幣はスウェーデンで誕生

日本に中央銀行（日本銀行）が創設されたのは、明治15年（1882）のことでした。一方、世界に目を向けると、それよりもかなり以前に中央銀行を創設した国があります。世界で初めて中央銀行を誕生させたのは、北欧国家スウェーデンでした。

1624年、銅本位制を採用したスウェーデンは、国内に銅貨を流通させます。通貨として銅を選択したのは、戦費を賄うために金と銀が不足していたことに加え、銅がスウェーデンにとって重要な輸出資源だったからです。銅本位制を導入することで、その価値を安定させたいという狙いもあったのです。ところが、銅貨というのはとにかく重く、使い勝手の悪い通貨でした。

その後、1656年には、スウェーデン初の民間銀行であるストックホルム銀行が、ヨハン・パルムストルックによって創設されます。

パルムストルックはオランダに長く住んだ経験がありました。オランダには発達した銀行システムがすでに存在し、それを見たパルムストルックは、スウェーデンにオランダのような近代的な銀行を作りたいと考えたのです。その考えをスウェーデンの国王に提案したパルムストルックは、承認を得ることができ、これを受けてストックホルム銀行を設立します。

パルムストルックは結果的に頭取（支配人）になりますが、手続きとしては頭取や副頭取は政府が任命する形となり、民間銀行でありながら、ストックホルム銀行は当初から政府の強い影響力がある銀行として業務を開始します。その利益は国王、ストックホルム市、銀行関係者などの間で分配されることになりました。

ストックホルム銀行は、動産・不動産を担保にした貸付業務だけでなく、国内に流通していた数種類の通貨を預かるなどの為替業務を展開します。これに加え、現物の鋳貨《ちゅうか》の引き出しや、預金に対して小切手を振り出して預金者が第三者に資金を移転できるサービスも開始しました。預金者の預金を元手に、それを貸し付けに回すという、現代の銀行業務であるところの信用創造（信用取引と預金の創造）を開始したのです。

しかし、しばらくして問題が発生します。貸出期間が比較的長めだったので、預金がたくさん引き出されてしまうと、その要求に応じるだけの資金が不足し始めるようになったのです。しかもこの時期、スウェーデン国内では銀や銅といった金属が不足しており、銅の含有量を減らす「貨幣改鋳」なども行われます。すると、改鋳前の硬貨を良貨、改鋳後の硬貨を悪貨とする見方が広まっていきました。

このころ、ストックホルム銀行は、改鋳前の良貨を預金者から大量に預かり保管していました。しかし、改鋳された新たな貨幣の価値を信用しない預金者たちがストックホルム銀行から良貨を競って引き出し、それを溶かして外国で高く売って儲《もう》けようという動きが出てきます。要は、取り付け騒ぎが起こったのです。その結果、ストックホルム銀行からは銅貨が大量に流出し、最終的に枯渇してしまいました。

こうした事態に対処すると同時に、人々が広く支払いに使える手段を確保するため、ストックホルム銀行は1661年、ヨーロッパで初めての紙幣である「預金証書」を発行します。これはいわば、信用書（信用状）のようなものでした。

それ以前のストックホルム銀行は、預金を担保として貸し付けを行っていましたが、預金証書の発行を始めてからは、証書をストックホルム銀行の負債として発行し、それによって得た資金で貸し付けをするようになります。

当時のスウェーデンでは、この預金証書を使ってモノやサービスを自由に購入することもできました。この証書には端数を取った固定した数字（額面）が定められており、利子も付かないので、機能としては現在の「紙幣」のような役割を果たしました。

こうした紙幣の発行が、銀行の信用創造に続く、パルムストルックによる2つ目のイノベーションだと見なされています。

スウェーデンのこの預金証書が革新的だったのは、預金にまったくリンクしておらず、望めばいつでもこの証書を銅貨と交換できるという、ストックホルム銀行による保証が付与されたことでした。銀行による保証が与えられていたため、この預金証書は信用保証に基づく、世界初の兌換《だかん》紙幣（銀行券）だと言われています。

これにより、預金だけでは貸し出しの財源が足りないところを、証書（紙幣）の発行によって補うようになりました。

ストックホルム銀行による融資が活発化すると、経済活動も盛んになり、同時に紙幣の流通量も増えていきます。当初は、すべてがうまく機能しているかのように見えました。

ところが、貸し付けのために紙幣発行量が増えて銅貨準備が足りなくなると、次第に銅貨との兌換が難しくなっていきます。さらに、紙幣を発行し過ぎたために、インフレが起きてしまいました。すると人々は不安を覚え、紙幣に対する「信用」「信頼」が失われていくようになるのです。

ストックホルム銀行には、銅貨の引き出しを求める人々が殺到しました。しかし、銀行にはすべての引き出し要請に応じられるだけの銅貨がありません。こうした事態に直面する中、ストックホルム銀行は顧客と返済の約束を交わして窮地を脱するために全力を挙げますが、それも限界に達し、1663年、ついにデフォルト（債務不履行）に陥るのです。その結果、発行紙幣は割り引かれ、資金難で苦しむ人々が後を絶ちませんでした。

1668年、創業者のパルムストルックは、同銀行の経営責任を問われて死刑判決を受けます。のちに執行を免除されますが、1670年まで獄中生活を送り、その翌年、60歳で死去しました。

世界初の中央銀行もスウェーデンで誕生

ストックホルム銀行のデフォルトから5年が経過した1668年、スウェーデン議会はストックホルム銀行の失敗を教訓として、新しい銀行の設立を決定しました。現在では、この銀行は、350年ほどの歴史を有する世界最古の中央銀行と見なされています。

銀行設立の決定は、貴族、聖職者、国民など、様々な階級の人々の代表によってなされたため、当初は、国立の諸階級銀行と名付けられました。

新銀行の理事会を構成する理事はこれらの各階級から選出され、この理事会が頭取を含む幹部人事について勧告し、幹部の監視をすることが定められます。また、銀行業の経営については諸階級ではなく、議会の監督下に置かれて厳しくチェックされることが決定されました。

ストックホルム銀行の失敗は、紙幣の大量発行にあると考えられていたため、新しい銀行には、しばらく紙幣の発行が禁止されていました。しかし、モノやサービスの決済には銅貨では不便なため、紙幣の発行が必要だという意見が強くなります。

このため次第に、同銀行の預金者が発行し、同行によって承認された小切手や、同行が発行する預金証書（いわゆる現金紙幣）が、広く社会で使われるようになりました。それだけでなく、それらを使って王室への貸し付けや近隣諸国との戦争へのファイナンスも行われていたのです。

しかし、戦争に敗北すると、不安に駆られた国民たちが預金引き出しに殺到し、取り付け騒ぎが起きたため、預金封鎖に踏み切ることもありました。

１８３０年代には、企業の資金需要の高まりを背景に、民間の銀行も設立され、これらの銀行も紙幣の発行に乗り出します。

国立の諸階級銀行がスウェーデン国立銀行（リクスバンク）へと名称変更されたのは、１８６７年のことです。

１８７３年に金本位制を採用すると、新しい金貨の単位を「クローナ」としますが、これは現在でもスウェーデンの通貨として用いられています。

1890年、「マネー（通貨）」の価値に影響力を及ぼすために「政策金利」として「割引率」を導入しました。これは世界の中央銀行の先駆けとなる初の金利政策でした。民間銀行が国際金融危機に陥ると、スウェーデン国立銀行は割引率を使い、クローナの対外価値の安定に努めたのです。

1897年には、スウェーデン国立銀行に通貨の独占発行権を与えることが議会で決議され、より現代的な意味での中央銀行となりました。

中央銀行に「マネー（通貨）」の独占発行権がないと、景気後退期に通貨量を増やし、景気回復期には逆に通貨量を減らすといった金融政策運営がうまくできません。スウェーデン政府は中央銀行に独占発行権を付与することで、金融政策の運営をしやすくしたのです。独占発行権の獲得は、シニョレッジの独占をも意味しました。

そして、7年後の1904年にこの決議が実効化されると、民間銀行による紙幣発行はすべて停止され、回収されます。一方、スウェーデン国立銀行による一般企業への貸し付けは廃止され、代わって銀行間制度の運営を任されるようになりました。なお、当時、スウェーデン国立銀行は議会の一機関に過ぎず、トップは国王が任命していました。

こうしてスウェーデン国立銀行は、20世紀に入ってすぐ、現代の各国の中央銀行が果たしているような役割を、いち早く担うようになるのです。

世界の主な中央銀行とその歴史

現在、世界の中で最も由緒ある4つの中央銀行（四大中銀）と言えば、それらはアメリカのFRB（連邦準備制度理事会）、ユーロ圏のECB（欧州中央銀行）、イギリスのイングランド銀行、日本の日本銀行を指します。

このうちイングランド銀行は1694年に設立されており、四大中銀の中では一番古い歴史を誇ります。

イングランド銀行は、ウィリアム3世とメアリー2世の勅命によって設立され、企業や個人が株式を保有する民間銀行としてスタートします。設立の主要な目的は、フランスとの戦争のための資金調達でしたが、先の勅命には、イギリス市民のために通貨と金融の安定を実現する、という決意が込められています。以降、イングランド銀行は国内銀行の最高位に君臨し続けるのです。

設立当初は、政府による財政支援の要請に応えて、紙幣を発行することが業務の中心でしたが、その一方で、通常の銀行としての業務も開始し、一般市民からの預金も受け入れて、それに対して紙幣を発行しました。

1844年にはイングランド銀行に銀行券の独占発行権が正式に与えられ、これを境に、他の銀行、企業、個人は、独自に銀行券を発行できなくなります。

個人の預金を受け入れるだけでなく、他行からの預金も受け入れていたイングランド銀行は、次第に「銀行のための銀行」という中央銀行の役割を担うようになります。また、銀行間の取引を仲介するだけでなく、他行の経営が危機に陥ったりした際には、「最後の貸し手」として緊急支援を行う立場に置かれました。

こうして長らく民間銀行として存在してきたイングランド銀行ですが、1946年に国有化されます。中央銀行としては世界で2番目に古い歴史を持つこの銀行は、その後、各国で中央銀行が設立される際のモデルとなっています。

知名度および世界経済への影響力という点では、現在、世界で最も有名な中央銀行は、アメリカのFRBです。

FRBが設立されたのは、1913年のことでした。アメリカでは元々、複数の民間銀行が独自の銀行券を発行していました。ところが、しばしば銀行危機を起こして安定性を保てなかったため、1913年に中央銀行の役割を担うFRBが設立され、民間の金融システムの安定化に目を光らせるようになるのです。

1935年になると、今度は金融政策を決定する公開市場委員会（FOMC）制度が導入されます。現在も機能している同制度は、FRBと全米12地区の連邦準備銀行から構成されています。

ＦＲＢは、世界最大の経済規模と金融資本市場を擁するアメリカの中央銀行です。当然ながら、その金融政策が世界に及ぼす影響は絶大なため、その一挙手一投足は常に市場関係者から注目されています。

ヨーロッパでユーロを使用する19か国からなるユーロ圏を代表する中央銀行として知られているのが、欧州中央銀行（ＥＣＢ）です。この銀行は欧州連合（ＥＵ）の組織の１つで、１９９９年1月のユーロ誕生に先立って、１９９８年6月に設立されました。ＥＣＢは、四大中銀の中で最も新しい中央銀行であり、本部はドイツのフランクフルトに置かれています。

ＥＵは、離脱する予定のイギリスを含め、28か国から構成されています。「ユーロ参加国」の中央銀行と「ユーロ非参加国」の中央銀行とは区別されており、ＥＣＢとユーロに参加している19か国の中央銀行は「ユーロシステム」と呼ばれ、ＥＣＢ制度の中心的な存在となっています。

一方、ユーロ非参加国の中央銀行は、独自の「マネー（通貨）」を発行し、独自の金融政策を立案しているので、ユーロ圏の金融政策を決定するＥＣＢの政策理事会には参加できません。

ただし、ユーロ非参加国の中央銀行は、ＥＣＢ総裁、副総裁、ＥＵ加盟28か国の中央銀行総裁から構成されるＥＣＢの一般理事会のメンバーであり、各国の中央銀行間での協力体制を維持しています。

アメリカに次ぐ世界経済規模２位のユーロ圏の影響力は、ヨーロッパにとって巨大であるばかりでなく、世界の経済や金融資本市場へ与える影響も大きいことから、ＥＣＢの政策はＦＲＢに次いで市場参加者の注目を集めています。また、ユーロは、ドルに次ぐ国際通貨として、多くの貿易・金融取引に使われ、世界の多くの中央銀行がドルに続いて保有する外貨準備資産として君臨しています。

中央銀行の誕生を促した金融システムの発展

資本主義経済は16世紀のヨーロッパで発展し、その後、世界に広がっていきました。それに伴い、金融システムも発達を遂げていきます。

資本主義経済の発展に拍車をかけたのは、18世紀半ばから19世紀にかけてイギリスで起きた産業革命であることは確かです。しかし、それ以前の17世紀の時代に目を向けると、すでにイギリスでは製造業を中心として資本主義のメカニズムが機能し始め、モノの売買を通じて国際貿易も発展していました。

製造業を発達させていくには、原材料の安定供給が不可欠です。さらに、工場を拡張するには資金も必要になります。この段階で求められたのが、安定した通貨制度と金融システムの存在でした。

こうしたなか、産業革命が起きた18世紀のイギリスで、銀行業が本格的に発展しました。イギリスで民間銀行が誕生すると、さっそく紙幣を発行したり、預金を受け入れたりするサービスが始まり、紙幣が支払い手段として流通するようになります。このとき、紙幣の信認を確保するために、銀行側にはその価値を担保する金属貨幣（硬貨）を準備金として用意しておくことが求められました。

当時は中央銀行もなく、金属貨幣が主要な「マネー（通貨）」でした。政府は特定の重さの金属に対して公式価格を設定し、価値の尺度を提示していたのです。銀行はこの価値の尺度に則《のっと》り、紙幣と金属貨幣との交換を確保しなくてはなりませんでした。そのために、発行紙幣の量を制限することで、紙幣の信用と質を保ったのです。

銀行にとって顧客から預かったお金は負債となりますが、その一方で、預かったお金を貸し出しなどによって別のところに回したり、様々な受け取りや支払いの手段として提供したりしていきました。こうして徐々に金融システムが構築されていきます。

金融システムの中で、支払いの手段の1つとして考え出されたのが、小切手や手形でした。スウェーデンではすでに誕生していた小切手ですが、小切手を発行することにより、銀行から別の銀行へと預金を移転させることが可能になったのです。小切手の発明は、銀行間の取引を活発化させました。

また、お金が余っている銀行と不足している銀行との間でのお金の貸借も行われるようになります。銀行間での小切手の決済については、貸した額と借りた額の差額だけをやり取りする差金《さきん》決済にして、その効率性を高めました。

その後、こうした銀行間の差金決済を行うにあたり、銀行間の支払案件と受取案件を中立的な立場で取りまとめる清算機関が設立されます。そして、この動きが金融システムの中央集中化をもたらし、中央銀行の誕生へとつながっていったのです。

アメリカでFRBの設立が求められるようになった理由

19世紀半ばのアメリカでも、銀行間の差金決済が正確かつスムーズに行われるように、民間銀行をメンバーとする清算機関が設立されています。

清算機関のメンバーである銀行は、清算機関の当座預金口座にお金を預けます。一方、清算機関は、これらの銀行に対して決済証明書を発行しました。すると次第に、銀行間の決済の際には、この証明書が使われ始めるようになります。

支払いをしなくてはならない銀行に十分な資金がなく、決済ができない状態（デフォルト）になると、支払いを受ける側の銀行は損害を受けます。そこで、こうした事態に陥った場合、清算機関が肩代わりをして受取側に支払いを保証しました。ただし、清算機関に参加する銀行には、できるだけ損失が発生しないように様々な規定を設定し、それらを常に遵守させせたのです。

たとえば、清算機関において差金決済をする際に、十分なお金を持っていない銀行が出てきたら、残りのメンバーの銀行が清算機関を通じて、その不足分をカバーすることに合意させました。また、銀行には自己資本を強化させ、顧客による大量の引き出しに備えて一定額の準備預金を清算機関に維持することや、銀行の財務状況を専門家委員会が監視すること、規則を守らない銀行には清算機関が制裁金を科すこと、場合によっては除名もありうることなどについて、合意させたのです。

このように金融システムの発展に大きな役割を果たした清算機関ですが、20世紀になると銀行危機もたびたび発生し、経済に与える損害も大きかったことから、民間銀行同士の取り決めによる合意と協力だけでは、安定的な金融システムを維持するのに限界のあることが露呈していきます。

こうして、清算機関をより発展させた形である中央銀行の設立機運が高まり、1913年のFRB設立に至ったのです。

中央銀行の独立性

中央銀行の独立性とは何か？

今日、世界では中央銀行の多くが、政府の干渉や介入を受けずに、つまり独立性を維持しながら金融政策の立案を行っています。

私たちは普段、あまり意識していないかもしれませんが、実はこの「中央銀行の独立性」という概念は、豊かで安定的な経済生活を送る上でたいへん重要なものです。そこで、ここでは中央銀行の独立性について説明しましょう。

まず注意したいのは、中央銀行の独立性といった場合に、それは必ずしも、資本構成の独立性を意味するわけではないという点です。

たとえば日本銀行の場合、資本金は1億円ですが、出資証券（資本金に相当）の55％を国が、45％を民間が保有しています。アメリカの場合は、ＦＲＢは政府機関であるのに対し、各連邦準備銀行は民間の金融機関が出資証券を保有しています。一方、イングランド銀行は、イギリス政府が100%保有しています。また、ECBの場合は、EUに加盟するすべての中央銀行からの出資金で運営されている状況です。

このように、各中央銀行の資本構成は様々であっても、これから述べる、本当に大切な意味での中央銀行の独立性を維持することは、いずれの形態でも可能なのです。

現在、各国の中央銀行のほとんどが、「物価安定」を金融政策の主眼として掲げています。なぜなら物価安定を実現することは、経済発展のために欠かせないからです。

物価が不安定な国では、企業の生産活動が阻害されがちです。生産活動がうまくいかなければ、人々の生活も安定しません。したがって、物価安定を図ることは、私たちの生活を安定させるために極めて重要なのです。

物価安定を実現するには、中央銀行が過剰に通貨を発行して通貨の信用を損なわないようにしなくてはなりません。さらにそのためには、中央銀行が政府からの圧力を受けず、中立的かつ専門的な判断によって金融政策の運営を行えるようにする必要があります。つまり、金融政策運営の判断において中央銀行が政府から独立していること、それが本当の意味で重要な中央銀行の独立性なのです。

ではなぜ、政府からの独立性がそれほど重要なのでしょうか。

歴史を振り返ると、時の政府から金融緩和圧力を受けた中央銀行がこれを際限なく受け入れ、その結果、過度なインフレを招き、国民生活が混乱に陥ったという苦い経験を持つ国がいくつもあるからです。

ところが、歴史の教訓を忘れ、中央銀行の独立性を緩めようという動きは、今日でも起きているのです。

たとえば、2018年にトルコのレジェップ・タイイップ・エルドアン大統領が、「利上げがインフレの原因」と理屈に合わない主張をして、トルコの中央銀行の金融政策をあからさまに批判するという事態が起こりました。そして、同年7月には大統領令により、中央銀行の総裁、副総裁、金融政策決定会合の委員全員を、それまでの内閣指名から大統領任命に変え、しかも任期を5年から4年へと引き下げています。

トルコは経常収支が赤字で、その支払いを外国からの資本流入に頼っているので、こうした大統領の過激な言動に対して、外国人投資家の不安が高まりました。その結果、資本流出が続き、トルコの通貨リラはドルなどの主要通貨に対して大きく価値を下げ、輸入インフレによって2桁《けた》の大インフレが起きて、市民の生活は混乱に陥ったのです。

トルコではその後、利上げを容認しないという発言を繰り返す大統領の圧力をかわし、中央銀行がなんとか同年9月に予想以上の大幅な利上げを実現した結果、市場参加者は安心し、リラの下落はようやく止まりました。

ＦＲＢが独立性を確保するまで

私たちの生活にとって非常に重要な中央銀行の独立性ですが、アメリカのＦＲＢがこの独立性を確保できるようになったのは、実は、比較的最近のことです。

アメリカでは、第2次世界大戦中に政府の戦費調達コストを引き下げるために、財務省がＦＲＢに対して金利を低水準に抑えるよう要請していました。しかし、そうした政治的介入が大インフレを引き起こす原因になるとの懸念がＦＲＢ内部で高まり、金融政策運営における政府からの独立性を高めようと模索し始めます。

ところが、第2次大戦終結後も、資金調達コストの軽減を狙った財務省からの圧力は弱まりませんでした。そのため、「中央銀行の中立的および専門的な判断」が不可欠と考えるＦＲＢと、なおも金融政策運営における影響力を行使しようとする財務省との間の対立は、次第に深まります。

そんな折、ＦＲＢの主張の正当性が周囲から理解され始め、1951年に「財務省・ＦＲＢ協定」が締結されました。これによって、ＦＲＢは独自の判断で金利を設定できるようになるのです。しかし、財務省の強大な権限は歴然と残っており、この協定の中に、「ＦＲＢは金融政策について財務省と活発に協議すること」と定められていたので、この段階では完全な独立性を獲得したとは言えませんでした。

FRBが金融政策運営において完全な独立性を獲得できたのは、1970年代の原油価格の高騰がきっかけでアメリカが大インフレ状態に陥り、これを受けて1977年に前記の協定が改定されたあとでした。その際、「物価安定」と「雇用の最大化」がFRBの果たすべき任務であると明文化され、その結果、政府の資金調達コストを下げるのはFRBの役割でないことがはっきりしました。この改定により、ついにFRBは確固たる独立性を獲得したのです。

しかし、このFRBに対しても、ドナルド・トランプ大統領による、圧力とも言える批判の矛先《ほこさき》が向けられました。トランプ大統領は、2018年半ばから、「利上げがアメリカ経済を冷え込ませる」と、公然とFRB批判を展開し始めたのです。

FRBは2008年のリーマンショックを発端とする世界金融危機以降、短期金利であるフェデラル・ファンド・レートを積極的に引き下げ、それをほぼゼロまで引き下げると、今度は国債などの金融資産を大量に購入する「非伝統的」な金融緩和政策を実施し、これを長く続けてきました。やがて経済回復が軌道に乗り、雇用が著しく改善すると、2014年に国債などの資産買い入れを取りやめ、2015年末にはフェデラル・ファンド・レート金利の最初の引き上げを開始し、金融政策を徐々に正常化させています。また、2017年10月からは、保有する資産の縮小も開始しました。

しかし、そうした動きに対し、2018年11月の中間選挙後も、トランプ大統領によるFRB批判は止まりません。同年12月には、FRBによる利上げが広く予想される中、利上げ反対を表明しましたが、FRBは利上げを断行しました。またこのとき、FRBは2019年に行う年間の利上げ回数の見通しを3回から2回へと引き下げましたが、それでもまだ金融引き締め的であると判断した株式市場で株価が大きく下落しました。そのいらだちから、トランプ大統領がパウエル議長の解任を側近と議論したとの報道がなされています。

2018年には、アメリカ政府が保護貿易主義を強めたことによる世界経済減速懸念もあり、また、トランプ大統領によるFRB批判も重なって、アメリカの株価は不安定になりましたが、トランプ大統領はその責任をFRBに転嫁したようです。

その後、2019年に入ると、FRBは金融政策の正常化方針を修正しています。利上げについては慎重に判断し、保有する資産の縮小も年内に予定より早く停止するメッセージを発信するようになっています。

イギリスと日本、ユーロ圏における中央銀行の独立性

アメリカと同じく、イギリスでも1970年代に大インフレに悩まされ、物価安定を目指してインフレを抑える必要性に迫られていました。しかしながら、その後も政

府主導の金融政策が行われ、イングランド銀行に独立性はありませんでした。長い歴史を持つイングランド銀行ですが、金融政策運営面での独立性を確立したのは、アメリカのＦＲＢよりもかなり遅く、１９９７年になってからのことです。

日本では、戦時立法であった日本銀行法が改められ、１９９８年に「日本銀行法」（新日銀法）が制定されて、金融政策運営における独立性が確立しています。１９９１年に株式や不動産のバブルが崩壊し、日本経済は大きな打撃を受けました。その後の深刻な景気後退を教訓としつつ、欧米の主要な中央銀行が続々と独立性を獲得する動きに追随し、法律改正によって日本銀行の独立性が認められたのです。

この法律改正により、旧日本銀行法で定められていた政府の広範な監督権限が見直され、政府の権限は日本銀行の行動が日本銀行法を順守しているかどうかをチェックすることに限定されました。

現在、日本銀行が業務や組織運営を行う際に必要な経費の予算計上については、財務省からの認可が必要ですが、認可対象は改正以前よりも限定的となっており、認可のプロセスについても透明性の確保が図られています。

一方、ユーロ圏では、１９９８年に設立されたＥＣＢが当初から独立性を与えられ、金融政策を決定しています。ＥＵ加盟国の間では欧州連合条約（マーストリヒト条約）が取り交わされており、その中でＥＣＢの独立性が明記されているのです。

ＥＣＢのモデルとなったのは、ハイパーインフレを過去に経験しながらも、反インフレの金融政策によってこれを切り抜け、高い信認を得た実績を有するドイツの中央銀行（ブンデスバンク）です。マーストリヒト条約には、ＥＵ加盟国からいかなる要請があっても、財政ファイナンス（政府の借金を中央銀行が肩代わりすること）は絶対にしてはならないという厳格な条項があります。

中央銀行が行う金融政策とは

「金融緩和＝中央銀行がお札を刷ること」の間違い

これまで、各国の中央銀行誕生と、独立性獲得までの流れを見てきましたが、次に中央銀行がどのような金融政策を、どのような目的で行っているのかについて、日本のケースで説明します。

日本では、2013年4月から日本銀行が量的・質的金融緩和（異次元緩和）を実施し、（同年1月に掲げた）2％の物価上昇の達成を目指すと発表したことで、金融緩和という言葉を見聞きする機会が増えました。

この金融緩和について説明する際によく言われるのが、「日本銀行がお札をどんどん刷る」というものです。これを聞くと、あたかも日銀がグルグルと輪転機を回して、お札を刷っているようなイメージが浮かびます。ところがこの表現は、実は完全な間違いです。なぜなら、日銀が金融緩和をすると言っても、お札を刷ったりはしないからです。

日本銀行が金融緩和を実行する際には、「輪転機を回してお札を刷る」のではなく、日本銀行に開設された各金融機関の当座預金の額（残高）を増やすという措置を取ります。たとえば、日本銀行が今日から金融緩和を始めたとすると、前日までの市場で貸借される金利よりも低い金利で金融機関にお金を貸し出します。すると銀行などの金融機関は、市場金利よりも低金利で日本銀行から資金を調達して、それに幾ばくかの金利を上乗せして企業や個人に貸し出して儲けを出そうとします。こうした動きが経済の活性化につながっていくと考えられているのです。

このように、日本銀行が市場の短期金利を下げることによって貸し出しを増やし、これによって経済を活性化させようとする政策を、「伝統的」な金融緩和政策と言います。

これに対し、短期金利がゼロ近辺まで引き下げられ、それよりも下げるのが難しくなったような場合には、莫大《ばくだい》なお金を市場に供給するために政府発行の国債などを日本銀行が市場から買い付けるという、「非伝統的」な金融緩和策が実施される場合があります。現在の日銀が行っている「異次元緩和」は、まさにこの非伝統的な金融緩和政策です。

手順としては、まず、日本銀行に当座預金を開設している金融機関に対し、日銀が国債の買い付けをしたい旨を伝えます。これに応じた金融機関から、日銀が国債を買い上げていくのです。このタイミングで実際に国債の買い入れが行われる場合、日本銀行は購入代価を現金で支払うのではなく、金融機関が日銀に開設している当座預金に振り込む形で決済します。

これら2つの金融政策の実行プロセスにおいて、日本銀行のバランスシートがどうなるかを整理すると、次のようになります。

【例1】 伝統的な金融緩和政策の場合

市場金利よりも低い金利で日本銀行がお金を貸す（入札）

○日銀のバランスシート

〈資産〉 貸付金の増加　〈負債〉 日銀当座預金の増加

【例2】 非伝統的な金融緩和政策の場合

日本銀行が民間金融機関の保有する国債を買う（入札）

○日本銀行のバランスシート
〈資産〉国債の増加　　〈負債〉日銀当座預金の増加

このように、伝統的、非伝統的政策のいずれかにかかわらず、日銀のバランスシートで大きくなるのは当座預金の額です。つまり、日銀が金融緩和をした際に「マネー（通貨）」が増えるというのは、この当座預金（負債）の額が増えることを意味するのです。したがって、「お札」が増えているわけではありません。

日本銀行による「銀行券の発券」は受動的なもの

先ほど述べたように、伝統的政策にしろ、非伝統的政策にしろ、日本銀行が金融緩和政策を行うことで増えるのは、日銀当座預金の額です。

それでは、実際にお札が増えるのはどのようなケースなのかと言えば、それは、お札に対する民間の需要が高まったときです。

たとえば、ゴールデンウイークや年末年始などの大型連休のタイミングでは、人々の支払いが増える傾向にあるため、現金に対する需要が高まります。民間銀行も現金需要が増える時期を把握しているので、こうしたタイミングでは、事前に通常よりも多めに紙幣を日本銀行から調達しておきます。日銀当座預金から引き落として確保した紙幣を、銀行は各支店に振り分けたり、ＡＴＭに入金したりしておくのです。

このほか、震災や自然災害の発生によってＡＴＭが作動を停止した場合などには、モノやサービスの支払いのために、一気に現金の需要が高まることがあります。こうした場合、金融機関は日銀当座預金から銀行券を普段よりも多めに引き出し、支店窓口での対応に尽力するのです。一方、日本銀行は、被災者たちにお金が十分行き渡るよう、迅速な対応に努めます。

また、経済活動が活発化し、人々の買い物や企業間の小口取引が増加すれば、紙幣に対する需要は自《おの》ずと高まるでしょう。

銀行券には利子は付きませんが、安全性や流動性が極めて高い金融資産です。そのため、他の金融資産の価格が下落するのではないかといった不安が生じると、銀行券に対する需要が高まったりもします。ここで言う「流動性」とは、あらゆるモノやサービスの取引に際し、いつでもどこでも使える手段であることを意味し、それを得られることは大きなメリットとなります。

このように、個人や企業が支払いの際に必要な分量を確保するため、銀行などの金融機関が日銀当座預金からお札（日本銀行券）を引き出し、世の中に送り出しています。これが「銀行券の発行」なのです。

銀行券の発行は、中央銀行の負債を増やしますが、それは中央銀行が銀行に対して、当座預金の引き落としと交換に紙幣を発行することを意味します。そして、人々が銀行を通じて紙幣を欲しがれば欲しがるほど、この動きは活発化します。

つまり、お札などの「現金」の発行は、日本銀行が能動的に（積極的に）実施するのではなく、銀行を介した人々の需要に応えて「受動的」に行われているのです。したがって、日本銀行が恣意的《しいてき》に「今日からお札を多めに刷ります」と決定することはありません。なお、この仕組みは、世界の主要中央銀行で共通しています。

中央銀行が採用する「インフレ目標」とは何か

現在、各国の中央銀行が発行しているのは、金属や金属貨幣などとの交換が保証されない不換紙幣（フィアットマネー）です。

物質的に見れば、紙幣自体には価値がほとんどありません。にもかかわらず、たとえば1万円札に対して、なぜ私たちは1万円の価値があり、同額のモノやサービスが買えると信じているのでしょうか。それは、意識的にせよ無意識的にせよ、私たちは中央銀行が担う物価安定の役割を信頼しているからです。

物価安定とは、人々（家計）の購買力が維持される状態を意味します。購買力とは、収入から税金や社会保険料を差し引いたあとの、実際にモノやサービスを買うことができる可処分所得のことです。可処分所得が変わらなくても物価が上昇すれば実質的に購買力は低下しますが、仮にインフレ率を0％に抑えて物価が変わらなければ、理論上、物価安定は達成されます。ところが現在、多くの中央銀行は、2％程度のインフレを起こすことで、物価安定が達成されると考えています。

このように、物価安定を目指して具体的なインフレの数値目標（インフレ目標）を掲げる金融政策の仕組みは「インフレーション・ターゲティング」と呼ばれます。

1989年、この仕組みを初めて採用したのは、ニュージーランドでした。次にカナダが、その後はイギリスやオーストラリアなど、多くの国々が続きます。

1970年代から80年代にかけて、各国はインフレに悩まされており、なかには2桁台のインフレが発生している国もありました。これらの国にとって、いかにインフレ率を下げ、国民の生活を安定させるのかが大きな課題だったのです。

通常、インフレ目標水準を決定する際には、政府と中央銀行が話し合って決めたり、もしくは中央銀行だけで決定します。金融政策を決定する段階では、中央銀行が独立性を保ちながら判断をし、政府はこれに干渉しないのが各国共通のルールです。先ほど見た、中央銀行の独立性がこれにあたります。

インフレーション・ターゲティングを導入する国は、2010年代に入っても増え続け、２０１２年にアメリカ、翌１３年に日本が数値目標を掲げています。

世界の主要中央銀行は「２％程度」を基準にしていると言っていいでしょう。

こうした枠組みを採用した当初、中央銀行は、掲げた数値目標の早期実現にこだわりました。ところが次第に、その時々の景気動向や雇用情勢にも配慮しながら、中長期的にインフレ目標を実現すべきという考え方に変わっていきます。達成時期については、柔軟性を確保してインフレの数値目標の達成を目指す「フレキシブル・インフレーション・ターゲティング」の導入に踏み切ったのです。これにより、インフレ目標をすぐに達成する必要はなくなりました。

たとえば、原油価格の高騰や、自国の通貨価値の下落（日本の場合、円安）により、輸入価格が上昇する局面はしばしば起こります。このような場合には、たとえ物価が上昇したとしても、一時的なものであるため、利上げなどですぐに対応しなくてもよいと判断するようになったのです。

フレキシブル・インフレーション・ターゲティングを採用している国の多くでは、着実にインフレ率を低下させ、成長率もそれ以前より高くなり、失業率も減らすことができています。しかも、インフレ率、成長率、失業率が大きく振れる状況も改善できたのです。フレキシブル・インフレーション・ターゲティングは、予想した以上の効果を発揮したという見方が、世界のコンセンサスとなっています。早くからこの政策を採用した国々では、中央銀行の実績は国民や政府から高い評価を得ています。

しかし、例外もあります。それは日本です。日本銀行はインフレ率が低いか、やや緩やかなデフレの状態からインフレ率を2%に向けて引き上げようとしているため、なかなか国民の理解が得にくく、大胆な金融緩和をしても、その実現の見通しが立っていないのです。こうした日本の現状については、のちに詳しく触れていきます。

2%インフレ目標は消費者物価を対象

主要国の中央銀行は、物価安定のためにインフレ目標を設定する際、その基準となる総合物価指数を選択しています。

たとえば、日本銀行は総合物価指数として消費者物価指数(CPI)を用いていますが、アメリカのFRBでは、CPIよりも個人消費支出(PCE)デフレーターを重視しています。一方、ECBが選んでいるのは、各参加国が独自の基準で作成するCPIではなく、EU基準を基に共通の手法で作成されるHICPと呼ばれる消費者物価指数です。

数値目標の達成度合を測る際には、「コア指数」と呼ばれる物価の基調的な動向に注目します。コア指数とは、消費者物価指数の中でも、広範な品目を扱う総合物価指数とは違い、価格の変動が激しい食料品やエネルギーなどを除く物価指数を指します。

ＦＲＢとＥＣＢについて言うと、すべての食料品とエネルギーを除く物価指数をコア指数として採用しています。これに対して日本銀行は、生鮮食品を除くＣＰＩを、コア指数としてきました。現在でも物価の見通しを示す際には、生鮮食品を除いたＣＰＩを使っています。

しかし、２０１４年の原油価格の急落を受けて、生鮮食品を除くＣＰＩの変動が大きくなり、このコア指数では物価の基調を正しく判断できなくなったとして、同年10月ごろから、生鮮食品とエネルギーを除くＣＰＩ（いわゆる「日本銀行版コアコア指標」）も発表し始めました。現在、この指標にも注目が集まっています。

こうした経緯から、総務省による消費者物価統計の公表の際には、ＣＰＩ、生鮮食品を除くＣＰＩ、生鮮食品およびエネルギーを除くＣＰＩの３つがヘッドラインとして強調されるようになったのです。

ただし、生鮮食品を除くＣＰＩや、生鮮食品およびエネルギーを除くＣＰＩには、「その他の食料」が含まれていることに留意しなくてはなりません。日本の場合、食料品の多くが輸入品で、それらは国際価格で決まっており、その変動が大きく物価に影響します。こうした要素を含んだ物価指数では、国内の需給で決まる物価の動向を見極めるのは難しくなります。このため、欧米諸国と同じく、すべての食料品を除いた指標にも注目すべきなのです。総務省は以前から「食料（酒類を除く）およびエネルギーを除く消費者物価」を公表しているので、これを見ると、より実態に則した物価の動向がわかります。

なお日本では、食料とエネルギーを除くインフレ率は（2014年の消費税率引上げの直接的影響を除くと）、異次元の金融緩和を始めてからの約6年間平均で、たったの0・2％しかありません。これを見れば、物価の基調がかなり弱いということがわかります。これに対して、アメリカは2％程度、ユーロ圏は1％程度です。

下方修正を繰り返す日銀のインフレ見通し

日本銀行も、物価安定を図るために2％のインフレ目標を掲げていますが、まずは左図に注目してみましょう。

これは、日本銀行の金融政策を決める総裁を含む政策委員会の委員たちが、インフレ率について、今後どのような見通しを持っているか、その中央値を示したものです。各委員の推計値には高低差があるので、日本銀行はこの中の真ん中の見通し（中央値）を前面に出して示しています。

各委員は2～3年程度の先行きの見通しを四半期ごとに推計し、「展望レポート」

■日本銀行による消費者物価見通しの推移（対前年比、%）

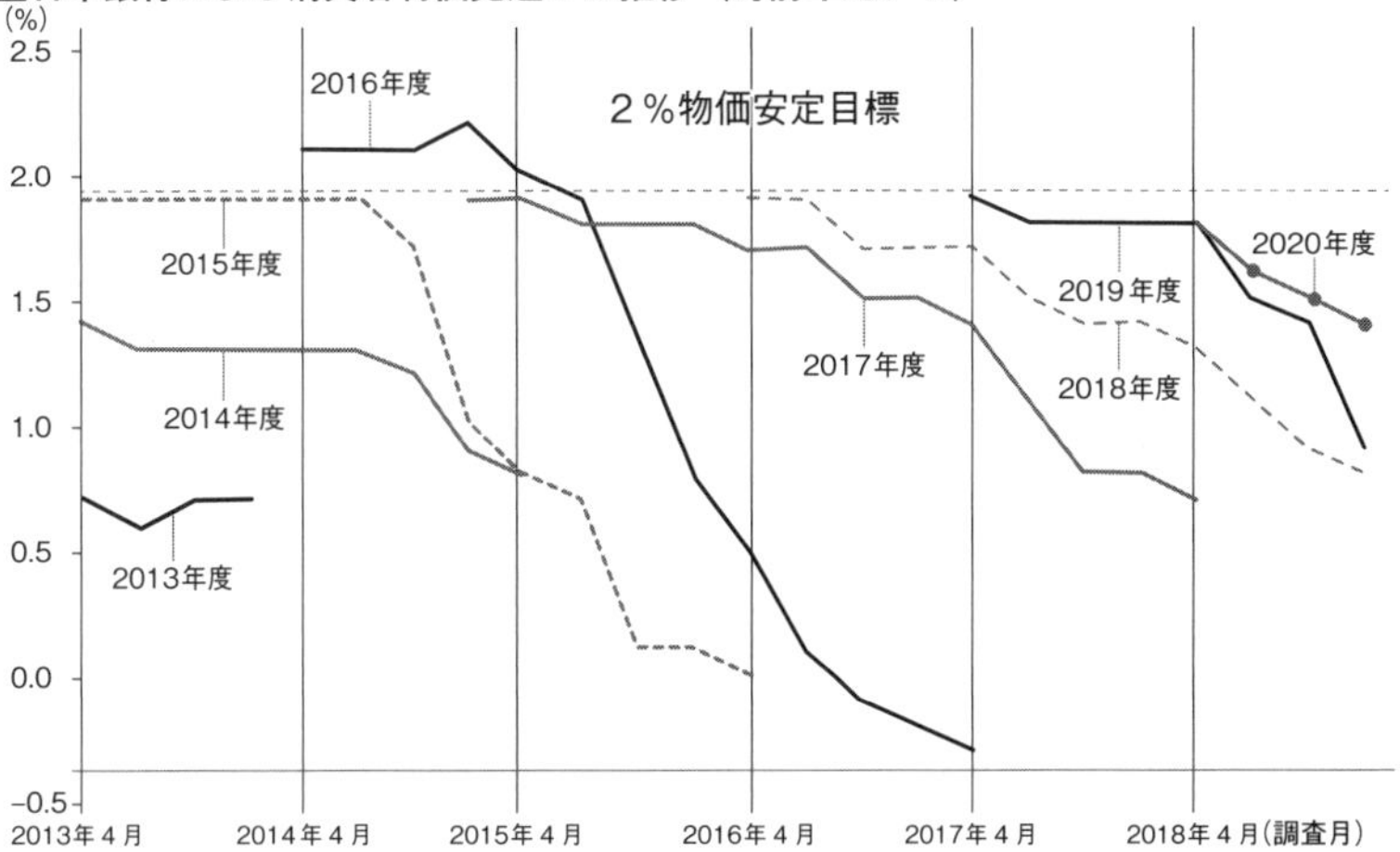

注：政策委員見通しの中央値。消費者物価は生鮮食品を除く　　出所：日本銀行

上に公表します。ある年度の見通しが公表のたびに下降をたどっている場合、中央値を示す委員の推計値が公表のたびに下方修正を余儀なくされていることを示します。

日本銀行の見通しには、図表からもわかるように、いくつかの特徴があります。

まず、２０１３年に量的・質的金融緩和（異次元緩和）が導入されたときは、２０１４年度、２０１５年度へ向けて、徐々にインフレ率が上がるという見通しを示していました。当時、日本銀行は2年程度で2%のインフレ目標を達成すると宣言していた手前、委員たちもそうした考えを示す必要があったのでしょう。しかし、実際にはそれは実現せず、その後の見通しはどんどん下方修正を余儀なくされます。なかでも2015年度の下方修正は、特に大幅なものでした。

2016年度については、しばらくの間は2％を超える見通しを掲げていましたが、原油価格の下落と円高により、実績との乖離《かいり》が大きくなるという事態に陥り、大きく見通しを下げています。

この図からわかるのは、日銀の見通しは、常に最初に楽観的な予測から始まり、実績値が公表されると現実に合わせて修正されるというパターンです。これは現在でも続いています。図を見ると、見通しと実績値の間に大きな乖離が生じているという現実が、よく理解できるのではないでしょうか。

また、この先2020年度についても、やはり楽観的な見通しを掲げているため、日本銀行の見通しは、大方のエコノミストたちの予想中央値（1％前後）とは、大きなズレが生じているというのが現状です。

なお、日本銀行は、異次元緩和を始めた2013年4月当初から、展望レポートにおいて2％インフレの達成時期の予想も明確に記してきました。それによると、2％の達成時期は「2014年10月から2016年3月あたり」としていましたが、その後、6回もその時期を後ずれさせた末に、2018年4月には達成時期の記載をすべて削除し、明確にするのを断念しています。

ちなみに、その直前までの表記は「2019年度あたり」となっていました。ほぼ2%の達成をあきらめたに等しいとも言えますが、市場では特段強い反応もありません。これは、あまりにも日銀がインフレ見通しの下方修正を繰り返してきたことから、そうした表記はすでに有名無実化していたことを物語っているかのようです。

なぜ日銀はいつまでも2%の物価安定目標を掲げ続けるのか？

このように、2%の物価安定目標を達成するのは、なかなか容易なことではありません。それでもなお、2%を掲げ続けるのはなぜでしょうか。

中央銀行の役割の1つが物価安定を図ることならば、論理的には0%のインフレ率を達成すれば、その役割を果たせます。1年前も、今も、1年後も、物価がほとんど変わらず安定していれば、それこそが究極の物価安定であるはずです。にもかかわらず、日本銀行をはじめ、多くの中央銀行が0%よりも少し高めの2%インフレ率を数値目標としているのです。

では、それは一体なぜなのかと言えば、深刻なデフレに陥るのを、何としても避けるべきという国際的な合意があるからです。

いったんデフレに陥ってしまうと、人々の間で、需要不足や物価が下がるのを待つ

「買い控え」が起こります。こうなると今度は、物価が下がったせいで売り上げを伸ばせない企業は、労働者の賃金を引き下げたり、解雇したりするため、失業者が増える傾向が出てきます。すると景気は一段と低迷し、それによりさらに物価が下落するという悪循環に陥ってしまうのです。

このように、いったんデフレに陥ると、そこから抜け出すのは並大抵なことではありません。反対に、ある程度のインフレであれば、デフレ回避のためのバッファになるので、これを容認するという立場を取るのが通例なのです。デフレに陥らないための「のりしろ」、それが2％のインフレ率と言えます。

日本では、2％という数値は、日本銀行と政府との共同声明で掲げられました。しかし、質的・量的金融緩和の導入から6年も経《た》つのに、いまだ2％インフレ率の実現のメドは立っていません。

金融緩和政策は長期化すると、国債市場や株式市場、さらには為替市場などに様々なひずみや悪影響を及ぼす可能性があります。そこで、こうした事態を避けるために、2％の目標を掲げつつも、実際の金融政策の運営については、2％のインフレ率に許容範囲（レンジ）として上下1％を導入すべきだというのが、私の考えです。

たとえば、ＥＣＢは2％を目指す姿勢でありながら、「2％未満、2％近傍」という曖昧《あいまい》な定義を用いており、正確な数値目標を設定していません。また、スイス国立銀行（中央銀行）も物価安定を「２％未満」としており、曖昧な定義となっています。さらに、スウェーデンでは２０１７年、これまでどおり２％のインフレ目標を維持しながらも、１～３％の変動幅を導入しています。

これらに加えて、ニュージーランドやオーストラリアだけでなく、他の中央銀行でも、許容範囲として変動幅を導入しているところは結構あります。したがって、日本銀行が上下１％の変動幅を導入しても、国際的に批判されることはないのです。

日本人には本当に「デフレマインド」があったのか？

政府も日本銀行も、日本がなかなかデフレから完全に脱却できない理由として、人々に「デフレマインド」が染みついているからだと説明しています。

そして、このデフレマインドを払拭《ふっしょく》するために、日本銀行が強力な金融緩和を行い、デフレ脱却を図ろうという考えが、政府と日本銀行にはあります。

では、そもそも「デフレマインド」とは何でしょうか？

デフレマインドとは、需要が不足している経済状況の下、モノやサービスの価格が継続的に下落しているのを見た人々が、将来的にさらに価格が安くなると考え、現在の消費を控えるという行動に出ること、もしくはそうした心理状態を指します。

つまり、政府や日本銀行の指摘どおり、日本の家計の間にデフレマインドが染みついているならば、物価が安くなるのを待ち、買い控えをする人たちが増えることになります。ところが、実際にはそのような兆候は確認できていません。

日本銀行が実施した生活意識アンケート調査（2019年1月現在）を見ると、多くの国民が物価は常に上がっていると感じており、これからも物価が上がっていくと考えているようです。統計上、消費者物価指数が緩やかなデフレ傾向を示しているときでさえも、国民のマインドは、物価は今後も上昇していくと感じているのです。

特に2000年代に入ってからは、賃金がなかなか上がらないにもかかわらず、税や社会保障などの負担は逆に増えたため、生活は楽ではなく、今後も苦しい状態が続くと感じているようです。その感覚が、「物価が上がっている」「上がっていく」という回答結果に反映されているようです。

確かに2014年からは春闘におけるベアの引き上げもあって、収入は緩やかに上昇しています。しかし、多くの人々は「収入が上がった実感がない」と答えています。

収入が「増えた」とする回答割合は全体の1割程度で、その割合は2006年の調査開始以来あまり変わっていません。また、1年後の収入が「増える」という回答割合も1割以下で、「増えた」とする割合よりも低く、しかもずっと変化がないのです。

左図は、現在の収入が「増えた」という回答割合と「減った」という回答割合の差

■現在の収入と1年後の収入見通し判断（%）

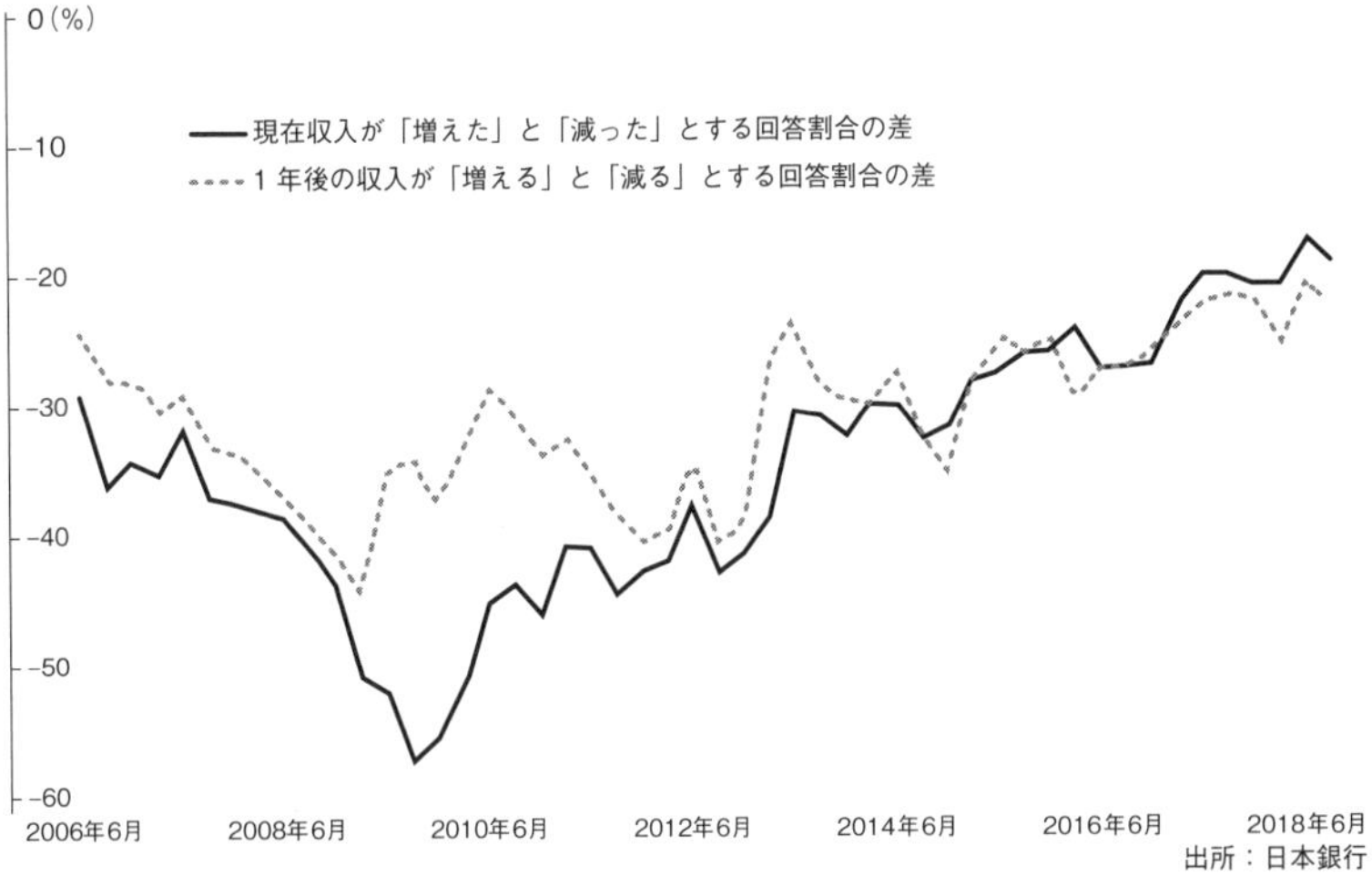

出所：日本銀行

を示しています。これがプラス値を付けていれば、全体として収入が上がったという実感を持つ人たちが多いことを意味します。

図によれば、改善はしているものの、依然としてマイナス値のままであり、全体として収入が上がったという感覚が人々の間で乏しい実態を示しているのです。これは、1年後の収入についても同じことが言えます。

また、金融資産をまったく持たない世帯の割合も増えて、現在では3割ほどになっており、老後の生活に不安を感じている人たちも、老若男女を問わず大勢います。

このため、多くの人たちが「物価上昇なんて生活を苦しくするだけでとんでもない」という心境に陥っているようです。特に食料品やガソリンのような身近な商品の価格には敏感であり、毎年着実に価格を引き上げるのは難しいようです。そこで企業は、販売価格を据え置いたまま、商品の内容量を減らしたり、季節限定商品を発売して少しばかり付加価値を加えるなどして、価格の比較をしにくくしながら、ぎりぎりの努力によって、販売価格を抑えようとしているのです。

日本では異次元緩和以降も、賃金の上昇が消費を喚起し、需要増強で物価が上がっていくという好循環が起きていません。そのことは、日本がこれだけ金融緩和をしても、インフレにならない状況からも見て取れるでしょう。

世界最速の勢いで高齢社会に突入して、年金を主な収入とする高齢者が人口の3割程度も占める日本では、今後も物価の引き上げはそう簡単にはできません。企業はますます生産性の改善に努め、人手不足による賃金の上昇や輸入物価の上昇を吸収しながら、できるだけ販売価格を引き上げなくても済むような工夫が、さらに求められていくことでしょう。それができた企業だけが生き残っていく――。そんな企業淘汰《とうた》が進んでいくと予想されます。

楽観的な将来見通しを持つアメリカの人々

■アメリカ・ミシガン大学の消費者調査：1年後に予想される収入の上昇率（%）

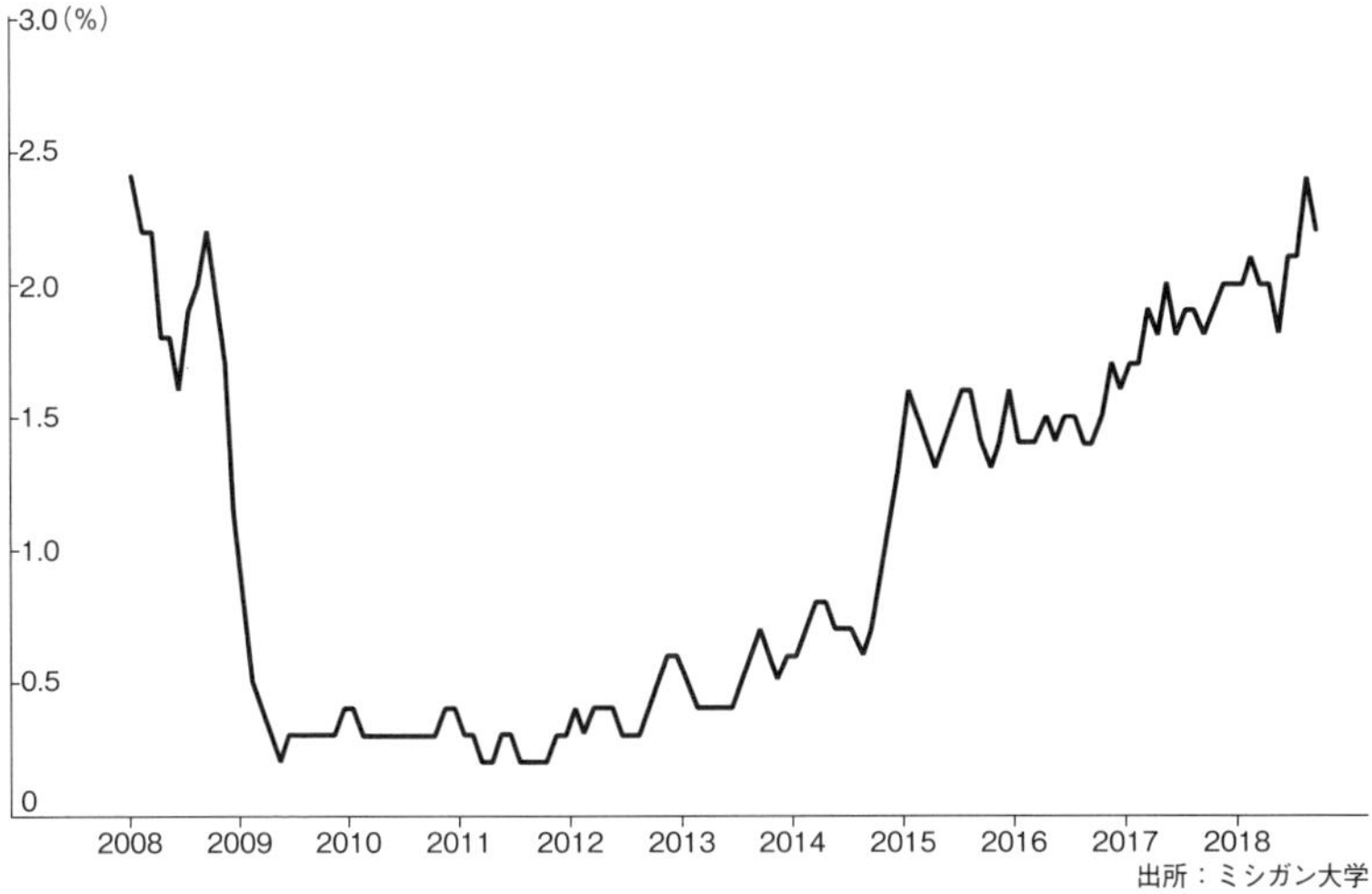

出所：ミシガン大学

先に紹介したアンケート結果のように、将来の見通しについてネガティブな意見が大勢を占める日本とは異なり、同時期にアメリカで行われたアンケートでは、楽観的な見方が多いという特徴が見られます。

たとえば、2018年12月に行われたミシガン大学の消費者調査によると、回答者の7割近くが、1年先の収入が増えるだろうと答えています。

しかも1年後に予想される収入の伸び率は、2015年ごろは1・5%程度でしたが、その後どんどん上昇し、一時は2・5%程度にまで上昇しています（上図を参照）。

また、消費者の財政状況が、1年前に比べて「良くなった」とする回答割合が「悪くなった」とする回答割合を2014年ごろから上回っています。しかも、「悪くなった」との回答の中で、物価の上昇を理由にする人は減り続け、今では1割を切っています。これを見る限り、アメリカでは賃金の上昇が物価の上昇に十分追いついていると推測できるのではないでしょうか。

「マイナス金利政策」とは何か？

2016年1月、日本銀行がマイナス金利政策の導入を発表すると、当時、それがマスコミによって大きく報じられました。とはいえ、一般の人たちにとって「マイナス金利政策」とは一体どのようなものなのか、それを理解するのは難しいのではないでしょうか。

マイナス金利政策とは、端的に言うと、民間銀行が中央銀行の当座預金に預けている預金に対する利息をマイナスにするということです。この状態では、中央銀行の当座預金にお金を預けている民間銀行は、中央銀行に利息を支払わなくてはなりません。

そこで、こうした利息の支払いを避けたい民間銀行は、なるべく当座預金に眠っているお金を低金利で貸し付けようとします。これによって市場に出回るお金の量を増やし、景気を刺激することで、物価上昇を促すのが狙いだと説明する人たちもいます。

ただし、日本銀行が導入したこのマイナス金利政策についてもう少し正確に解説すると、民間銀行に対してマイナスの金利を課すのは、日本銀行のすべての当座預金に対してではなく、実はごく一部についてだけなのです。

２０１９年１月現在、約３６６兆円ある日銀当座預金のうち、マイナス０・１％の金利が課されたのは、18・７兆円（全体の５％）だけでした。一方、全体の６割弱に相当する日銀当座預金に対しては０・１％の利息がついており、残りは年間０％の利息だったのです。

このため、民間銀行から日本銀行が受け取る金利よりも、日本銀行が民間銀行に支払う金利のほうが、ずっと多い状態なのです。したがって、実際は民間銀行が日本銀行に支払う利息の負担は、それほど大きくはなかったのです。

スウェーデンと日本のマイナス金利政策の比較

一方、スウェーデンは２０１５年に、日本に先んじてマイナス金利政策を導入しています。しかし、同じマイナス金利政策の導入でありながら、日本とスウェーデンではその内容に大きな違いが存在しました。

スウェーデンには１週間物という短期金利があり、まずこれに０・５％のマイナス金利が課されました。加えて、中央銀行の当座預金総額にもマイナス金利が課され、民間銀行にとって非常に負担の重い状況だったのです。

両国のマイナス金利政策の効果を比べると、スウェーデンでは貸出金利が下がったことで銀行貸出が大きく増え、需要を引き上げましたが、日本では貸出需要はさほど伸びず、貸出利ざやの縮小を補うほどにはなりませんでした。

しかも日本では、日本銀行がマイナス金利政策を突然発表したこともあって、人々の間で、民間銀行の預金金利がマイナスになるのではないかという誤解も生じました。折しもこの時期、相続税の強化やマイナンバー制度の導入、財産債務調書の税務署への提出義務などが重なったため、預金を引き出して「タンス預金」にしてしまう人が増加してしまいました。その結果、銀行に眠る資金を世の中に出回らせて、経済を活性化させようという日銀の目論見は外れてしまったのです。

マイナス金利政策の副作用の1つに、現金を使う人が増えることが挙げられますが、日本ではそれが現実となってしまいました。

なお、マイナス金利は、民間銀行が中央銀行に預ける当座預金に適用されただけであって、民間銀行はそれによって生じた負担を個人・企業などの顧客に転嫁して、預金金利をマイナスにすることはしませんでした。顧客離れを恐れ、預金金利は0％に限りなく近づけましたが、マイナスにはしなかったのです。このため民間銀行は、マ

■日本とスウェーデンの現金発行額（2000年＝100）

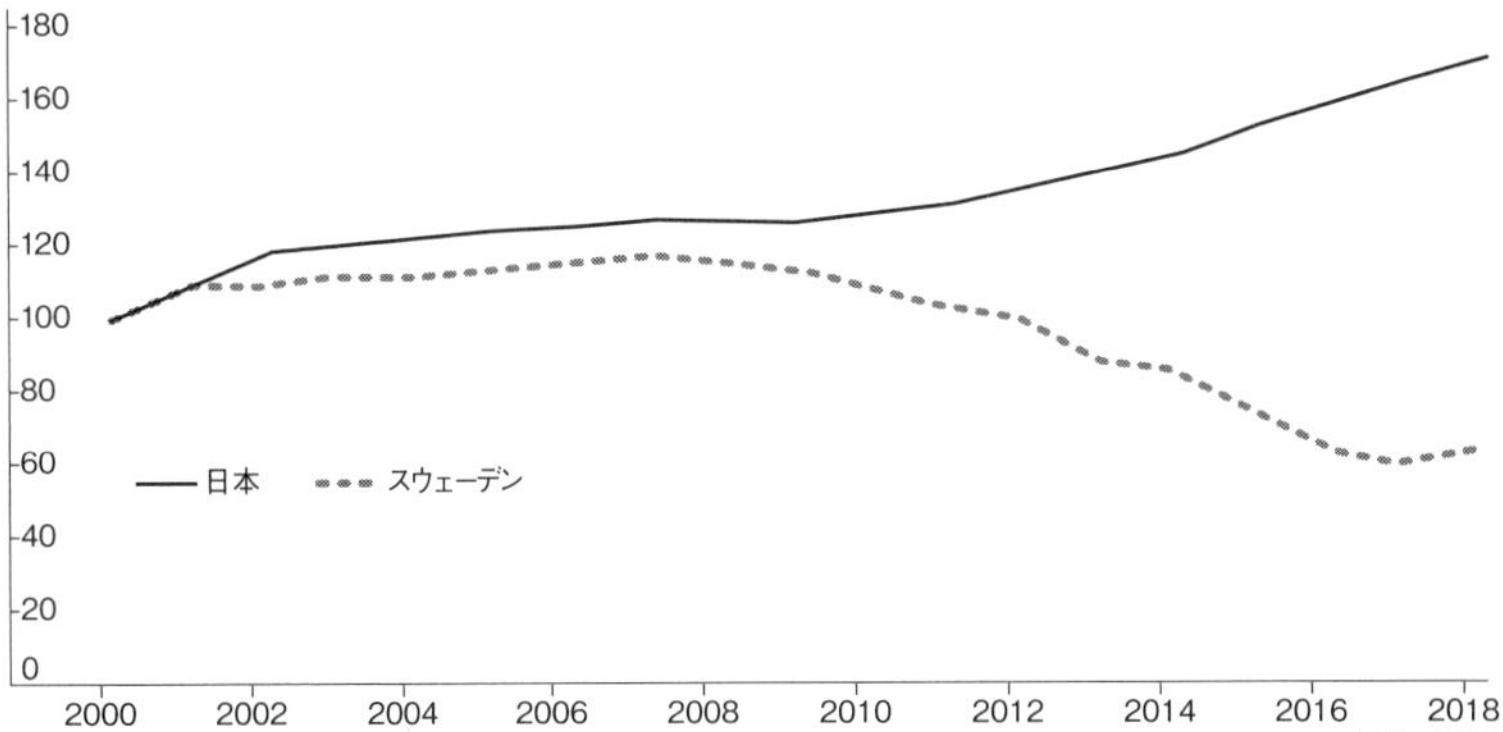

出所：CEIC

イナス金利の負担分を、手数料の引き上げや他のビジネスの利益から回収しようと、どうにかやりくりをしています。

一方のスウェーデンでは、すでにキャッシュレス決済（支払い）手段が広く普及しているため、「マイナス金利」という言葉に不安を覚え、銀行預金を引き出して現金化するといったマイナス金利の副作用は起こりませんでした（上図）。

その結果、銀行に眠る資金がうまく世の中に流れ、金利が下がった分、貸し出しも大きく増えて経済が活性化するという好循環を生んだのです。

日本には、元々「現金」を頻繁に使う習慣が強く根付いています。しかもその使用率は年々増え続け、現時点で日本の現金流通量は対ＧＤＰ比で２割にもなります。一方、スウェーデンでは対ＧＤＰ比で１％前後と、圧倒的に少ないことがわかります。

両国のマイナス金利政策の明暗を分けたのは、こうした現金流通量の違いがもたらした結果だったとも言えます。なお、スウェーデンは２０１８年12月に、２％程度のインフレ率を達成していることもあり、マイナス金利を０・２５％とし、利上げを行っています。

第3章

「お金」とは何か？

手作業で原図を作成する国立印刷局の工芸官

意外と知らない「お金」の素顔

「お金」を理解するために

ここまでは、「お金」の歴史を振り返りつつ、「お金」を理解するために欠かせない中央銀行の仕組みやその役割などについて述べてきました。

これらを踏まえた上で、第3章では現代における「お金」について考察を深めていきます。

私たちが普段使っている「お金」は、「マネー（通貨）」「現金」「貨幣」「紙幣」など、様々な用語で表現されます。では、これらはすべて同じものなのでしょうか？

まずは、これらの用語の定義から探っていきましょう。

お金との関係が密接な学問に、経済学があります。経済学では、「お金」は「マネー（通貨）」と呼ばれ、

「交換（支払い）手段」

「価値の尺度（価値の物差し、通貨単位）」

「価値の保存（蓄積）」


の3つの機能を備えているものと定義されています。

「交換手段」とは、つまりモノやサービスと交換できるものという意味です。

次の「価値の尺度」は、モノやサービスを特定の通貨単位または額で表し、あらゆるモノやサービスの価値が誰にでもわかるように、共通の物差しで表示するものを指します。この機能があるからこそ、お金を使った決済は物々交換よりも便利ですし、様々な取引も容易にできるのです。

3つ目の「価値の保存」とは、たとえば1年前も現在も1年後も価値があまり変わらないことを言います。額面が1000円であれば、その額面の価値はいつもほぼ同じであり、だからこそ価値の保存ができ、必要があるときに取り出してモノやサービスの購入などに使うことができます。また、貸借をする際にも安心して活用できるという機能を持つのです。

これらの条件を満たしつつ、政府・中央銀行がお墨付きを与えているものを、「法定通貨」と呼んでいます。

これに対し、一部の地域だけで、モノやサービスの支払いに使える通貨として、「地域通貨」が知られています。地域通貨は、その地域でしか通用しないものなので「マネー（通貨）」とは呼べません。

ところで、資産として価値があるものに、株式や不動産があります。当然ながら、こちらも「マネー（通貨）」には含まれません。その理由は、モノやサービスを購入する際に、株式や不動産で支払いができないからです。

お札と硬貨の違い

ここで、1つ留意したいのは、「貨幣」という言葉の捉え方です。

日本銀行によると、「貨幣＝硬貨」と定義しています。つまり、「貨幣」と言った場合、日本銀行の定義では、「紙幣（お札、銀行券、日本銀行券）」はこれに含まれません。したがって、「硬貨」と「紙幣」の両方を含む概念（言葉）として、「貨幣」という言葉は使えないのです。

そこで本書でも、日本銀行の定義に則《のっと》り、「貨幣」と言った場合には「硬貨」だけを指すことにします。一方、「硬貨」と「紙幣」の両方を含む概念（言葉）を表現する際には、「現金」を使っていきます。

少し話がややこしくなりましたが、こうした細かい区別も、実際にお札と硬貨を見比べてみると、なるほどと思っていただけるかもしれません。

手元に財布があったら、ぜひ、お札と硬貨の両方を眺めてみてください。お札の券面には、「日本銀行券」との記述があります。一方の硬貨には、「日本国」と刻印されており、政府（財務省）が発行しているのがわかるでしょう。

お札は国立印刷局で製造されて日本銀行が発行する一方、硬貨は造幣局で製造されて政府（財務省）が発行するという、大きな違いがあるのです。ただし、紙幣も硬貨も日本銀行が銀行を介し、世の中の需要に合わせて増減させて流通させています。

また、お札と硬貨では、次のような興味深い違いもあります。

日本の場合、「通貨の単位及び貨幣の発行等に関する法律」において、政府が発行する硬貨（貨幣）については、「額面価格の20倍までを限り、法貨として通用する」とされ、硬貨の強制通用力に制限が課せられています。つまり、１円玉を20枚使って、20円のモノやサービスは買えますが、もし売り手が拒否すれば、21枚使って21円のモノやサービスを買うことはできないのです。硬貨は運搬、保管、計算などに手間がかかるので、債権者を保護するためにこのような制限を設けたのでしょう。

一方、銀行券（お札）に関しては、無制限の強制通用力が認められており、支払いの際に何枚でも使うことができます。

お札の一生

日本銀行は、日本銀行法第46条により銀行券を発行する権能を付与されており、国立印刷局から新しい銀行券を受け取ると、それを本店や地方の支店で、銀行を介して世の中に払い出しています。

たとえば2017年の1年間を見た場合、日本銀行券の払い出し（日本銀行から銀行に支払われたもの）と受け入れ（日本銀行が銀行から回収したもの）の合計は、金額にして113・9兆円に上りました。

ちなみに、お札の平均的な寿命は、一万円券が4～5年ほど、五千円券と千円券は使用頻度が高く傷みやすいため、1～2年程度です。

世の中に出回って日本銀行に戻ってきたお札のうち、汚れや損傷のために再度流通させることに適さないと判断されたものは、日本銀行の本店もしくは支店で裁断されます。

細かく裁断されたお札の約6割は、住宅用の建材や固形燃料、トイレットペーパーなどの原材料としてリサイクルされ、残りの4割は焼却処分になるのです。お札はこのようにして、その役割と一生を終えていきます。

様々な「お金」の形態

日銀の巨大マネー

これまでに述べてきた「硬貨」や「紙幣」は、日本銀行が主に一般向けに発行する「現金」のことでした。これとは別に、日本銀行に開設された金融機関の「当座預金」も日本銀行が発行する「マネー（通貨）」、つまり「お金」です。これら現金や当座預金などの「お金」は、「中銀マネー」と呼ばれることもあります（次ページの図）。

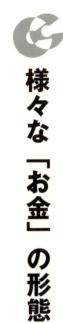

日本銀行が金融機関の保有する国債を購入するなどの取引があった場合、お金の振込先として使われるのが当座預金口座です。日本銀行による金融機関向けの振り込みは、日本銀行にとっては「負債」となりますが、民間にとっては新たな「マネー（通貨）」が日本銀行によって供給されることを意味します。

マクロ的な視点で経済を見ると、日本銀行の当座預金総額は、現金発行総額よりも

■中銀マネーとは

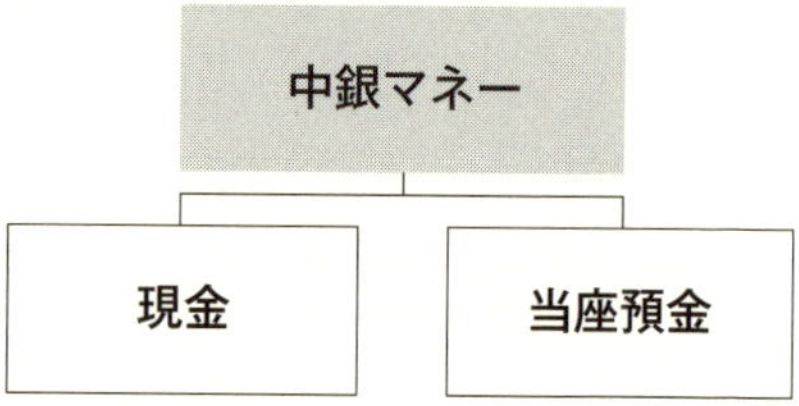

はるかに巨額であり、経済全般に与えるインパクトは絶大です。ところが、この事実はあまり知られていません。

世の中に流通している紙幣の発行量は、およそ１００兆円規模ですが、これに対し、日本銀行の当座預金総額はおよそ４００兆円にも上るのです。

日本銀行による金融緩和政策が話題になると、「日銀が輪転機をグルグル回して、どんどんお札を刷る」という表現を耳にしますが、この表現は完全に間違いであることは、すでに第２章で触れました。金融緩和政策によって、日本銀行が金融機関の保有する国債を購入した場合、確かにその代金は日本銀行の当座預金に振り込まれます。しかし、このときに増えるのはあくまでも金融機関が日本銀行に持つ当座預金残高、つまり電子データであって、紙幣が増えるわけではないからです。

ただし、日本銀行の当座預金も「マネー（通貨）」の１つなので、日銀の金融緩和政策によって「マネー（通貨）」の量が増加するという理解は正しいと言えます。

「現金」と「当座預金」の違いとは？

「現金」と「当座預金」は、どちらも国や日本銀行からお墨付きを与えられた「マネー（通貨）」です。しかしながら、両者には異なる特徴が存在します。

まず、「現金」が物質的な「マネー（通貨）」であるのに対し、「当座預金」は電子的に記録されているだけの「マネー（通貨）」に過ぎない、という点です。

いずれも日本銀行が発行する「マネー（通貨）」であり、安全かつ換金可能という点で違いはありません。ただし、「現金」が個人や企業など一般向けに発行され、24時間３６５日いつでもどこでも使えるのに対して、「当座預金」は日銀のコンピュータシステムが稼働しているときだけしか使えないという大きな違いがあります。さらに日本銀行の「当座預金」は、銀行など一部の金融機関だけに開設が許されているという特徴があり、誰もが口座を開設できるわけではないのです。

次に、日本銀行から見た「匿名性」という点でも違いがあります。

「現金」の場合、発行体の日本銀行は、誰がどれだけの現金を持っていて、誰とどのような取引をしているのか把握できません。一方、「当座預金」については、どの銀行がどれだけの資金を口座に持っていて、他の銀行とどれだけの金額の取引をしているのかを完全に把握することができます。つまり、日本銀行から見て、「現金」には匿名性がある一方、「当座預金」には匿名性がないのです。「現金」の魅力は、この匿名性にあると言ってもいいでしょう。

使い勝手がよく、匿名性という魅力を備えた「現金」ですが、その一方で、犯罪や資金洗浄（マネーロンダリング）、さらにはテロの資金源として使われやすいというデメリットも併せ持っています。こうした現金の負の側面についても認識しておくことが必要です。

なお、銀行券や硬貨といった「現金」と中央銀行「当座預金」には、ここで述べたような違いはありますが、いずれも法定通貨建てなので、価値は安定しているという点で共通しています。

「民間マネー」とは何か？

「現金」と「当座預金」に関する話を、もう少し続けましょう。

中央銀行が発行するこれら2つの「お金」は、「中銀マネー」と呼ばれたりすることは、先に述べました。これとは別に、「民間マネー」という「お金」も世の中には存在します。「民間マネー」として代表的なものが、「銀行預金」と「仮想通貨」です。(左図)。

■マネーとは

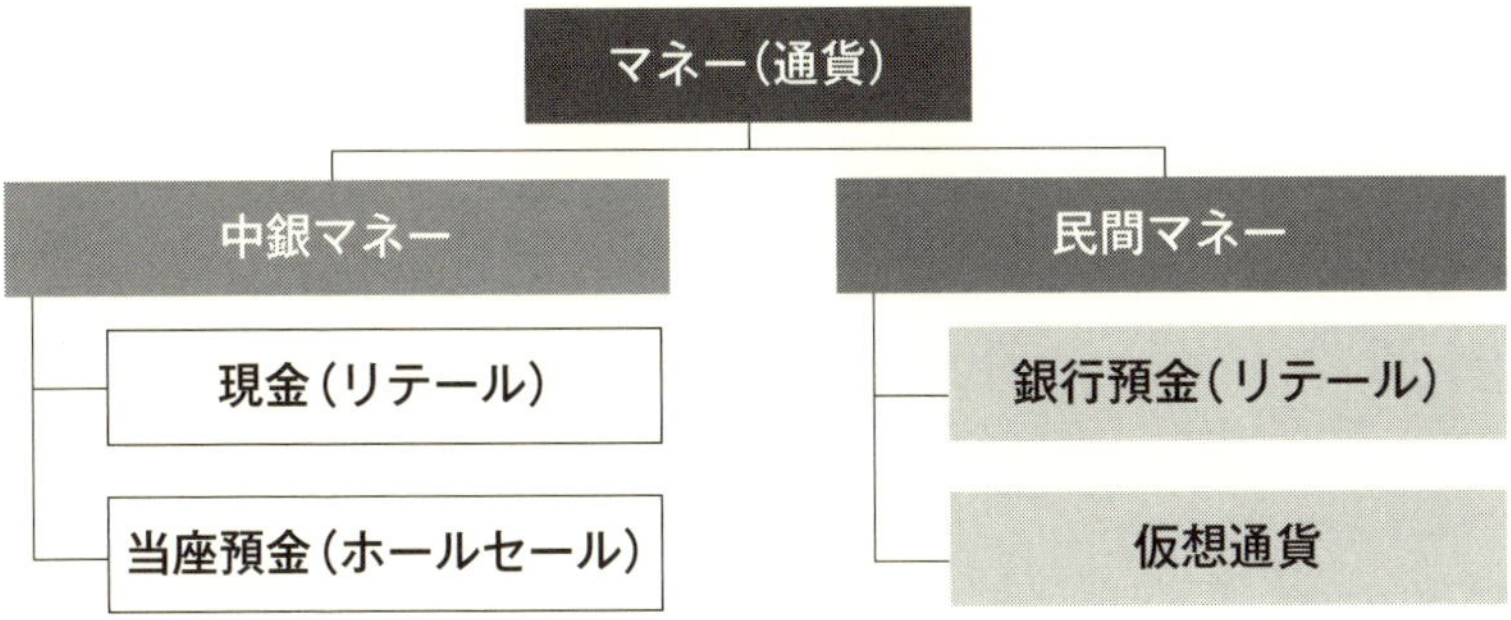

私たちのほとんどが、メガバンクをはじめとした民間の銀行に預金口座を持ち、これを通じて、公共料金や家賃の自動引き落とし、また、ＡＴＭを使った各種支払いのための送金などをしています。最近では、パソコン、携帯電話、スマートフォン（スマホ）を介した取引も一般的になり、利便性はさらに向上する勢いです。

こうした民間銀行の預金は、銀行による一種の「マネー（通貨）」の発行だと見なされるのです。

顧客から預金を集め、その預金を元手に（あるいは他からお金を調達して）、個人や企業に融資をするのが銀行の主な役割です。

融資を受けた個人や企業は、そのお金を使うことで住宅を購入したり、工場を建てたりします。こうした経済行動によって住宅メーカーや建設業者などは収益を得て、手元に残った利益をどこかの銀行に預金すると、今度は銀行がこの預金をもとにして、個人や企業などに融資を行います。こうしたお金の流れが、経済活動を活発にするのです。

このサイクルによって信用貸出や預金が新たに作られ、信用創造が起こると、「マネー（通貨）」が増えます。要するに、「マネー（通貨）」の供給量を増やすのは、民間銀行の預金が担っているのです。

日本銀行による金融緩和政策の実行とは、基本的には、こうした銀行の信用創造を利用し、マネーを増やすことと言ってもいいでしょう。中央銀行は銀行に低金利で貸し付けたり、銀行から国債を買い上げて当座預金に代金を振り込み、銀行はその資金を使って個人や企業に貸し付け、お金を世の中に回していきます。この流れを作るのが、金融緩和政策の狙いなのです。

たとえば、Aさんが B銀行から100万円借りたとしましょう。このお金はB銀行のAさんの預金口座に振り込まれるので、Aさんの預金が100万円増えることを意味します。

Aさんがこの100万円を使って小売店Cでテレビを購入すると、Aさんの預金から100万円が引き落とされ、小売店Cが所有するD銀行の預金口座に振り込まれます。するとD銀行は、小売店Cの預金口座に振り込まれた100万円を元手に、企業Eに貸し付けをします。そして、企業Eの口座がF銀行にあれば、F銀行にある企業

Ｅの預金口座にお金が振り込まれることになるでしょう。

　このように、ＡさんがＢ銀行から借りた資金は、小売店や銀行、企業などを回流し、それぞれの預金口座を潤していきます。

　これが民間マネーによる信用創造であり、預金や信用取引が創造されていくプロセスなのです。

「銀行預金」と「仮想通貨」の違いとは？

「民間マネー」のうち、もう１つの「仮想通貨」に関しては、ビットコインやイーサリアムがよく知られています。

　仮想通貨は独自の通貨単位を持ち、大型小売店などのいくつかの場所に限り、モノやサービスとの取引で使用可能です。また、資産として投資対象にする人もいます。

　ところで、同じ「民間マネー」である「銀行預金」と「仮想通貨」とでは、何が異なるのでしょうか？

　銀行預金は法定通貨で価値が表示されているので、価値は安定しています。ただし、銀行預金は現金と自由に交換ができますが、民間が発行するマネーなので、中銀マネーと同じ安全性を維持しているわけではありません。たとえば、預金している銀行が倒産した場合、預金者にとっては全額が保証されているわけではないのです。

一方、法定通貨とは異なる価値の尺度を持つのが仮想通貨です。また、仮想通貨は価値が大きく変動し、その価値を安定させるメカニズムもありません。

キャッシュレス決済は「マネー（通貨）」なのか？

では、キャッシュレス決済は「マネー（通貨）」の範疇《はんちゅう》に含まれるのでしょうか？

キャッシュレス決済の代表格は、クレジットカードです。

1950年代のアメリカで初めて発行されたクレジットカードは、買い物における支払いのプロセスを格段に便利にしました。

その後は、デビットカード、プリペイドカードの誕生とその普及があり、最近ではネットバンキングやモバイル決済が浸透しつつあります。

モバイル決済は、特に途上国や新興国で爆発的な広がりを見せています。モバイル決済の1つである携帯端末用の（デジタル）ウオレットの特徴は、スマホなどの所有者がクレジットカードやデビットカードの情報をスマホなどに保存することで、決済を迅速かつ容易にする機能です。

こうしたキャッシュレス決済では、支払いの際に用いられる通貨は法定通貨と同じ価値の尺度が使用されており、その元となっているドルや円などの法定通貨の価値が安定している限り、その価値も常に安定します。

ただし経済学では、キャッシュレス決済は「マネー（通貨）」に含まれません。その理由は、いくらキャッシュレスで決済が行われたとしても、基本的には私たちが所有する「現金」や「銀行預金」を合計した「マネー（通貨）」の総発行額に変化を与えるものではないからです。

特に、金融システムが確立し、様々な決済手段がある先進国の場合、キャッシュレス決済は、私たちの使い勝手を良くしただけの手段に過ぎないことが多いのです。

国際的な「マネー（通貨）」の定義

「マネー（通貨）」と名の付くものは、まだまだ存在します。たとえば、私たちの生活にかなり浸透している「電子マネー」です。これについては、どう位置付ければいいのでしょうか。

日本銀行の定義では、「電子マネーとは、利用する前にチャージを行うプリペイド方式の電子的な決済手段を指す」となります。しかし、多くの人たちは、銀行預金やクレジットカード、デビットカードなど、電子上で決済される手段を含めて「電子マ

■国際決済銀行（BIS）によるマネーの分類基準

分類1 ・発行体：中央銀行　または　民間

分類2 ・型式：現金　または　デジタル通貨

分類3 ・利用対象者：個人・企業など（一般向け、リテール）
　または　金融機関など（大口向け）

分類4 ・資金決済の確定（認証）の技術：口座型式
　または　トークン型式

出所：BIS

ネー」と呼んでいるのではないでしょうか。

このように、「マネー（通貨）」の定義については様々な捉え方があり、実に複雑です。そこで、これを整理する手助けとして、以下に国際決済銀行（Bank for International Settlements〈BIS〉）による分類を紹介します（上図、左図）。

ちなみに国際決済銀行とは、日本を含めた約60か国・地域の中央銀行をメンバーとし、スイスのバーゼルに本部を置く、１９３０年に設立された国際金融組織です。設立当初から、中央銀行間の協力促進のための協議の場を提供するだけでなく、中央銀行からの預金受け入れといった銀行業務も行っています。

実は、ＢＩＳ自体も、「電子マネー（通貨）」に関して、時期によってその捉え方を変えてきており、少し前の文献を確認すると、現状の捉

■国際決済銀行（BIS）の分類にもとづくマネーの特徴

	現金	中銀当座預金	銀行預金	仮想通貨
発行体	中央銀行	中央銀行	民間	民間
型式	物理的	デジタル	デジタル	デジタル
利用者	一般向け	大口向け	一般向け	一般向け
確定技術	トークン型式	口座型式	口座型式	トークン型式

出所：BIS

え方とは違っているものがあります。特に仮想通貨の誕生以来、決済市場では急激な変化が巻き起こっており、金融の専門家が集まるBISでさえも、現状の把握に苦労していると言っていいでしょう。

今後も変化があるとは思いますが、ここでは2018年時点のBISの定義に沿って、「マネー（通貨）」の分類の仕方を説明していきます。

①発行体で分類

「マネー（通貨）」について、誰が発行しているのか、発行体によって判断する方法です。現状では、中央銀行が発行する現金と中銀当座預金、民間銀行の発行する銀行預金と仮想通貨とに分けています。

②型式で分類

現金（紙幣と硬貨）とデジタル通貨に分ける方法です。デジタル通貨には中銀当座預金、銀行預金、仮想通貨が含まれます。デジタル通貨の場合、実際の金銭的価値は電子的に記録され、その情報を伝達することで決済がなされるのでデータに過ぎませんが、現金は物理的に世の中に存在するという違いがあります。デジタル通貨のメリットは、大量の現金通貨を持ち運ばなくて済むという点です。

③利用対象者で分類

個人や企業などの一般向け（リテール）と金融機関同士のいわば大口向け（ホールセール）に分類する方法です。現金、銀行預金、仮想通貨はリテールを対象に、中銀当座預金はホールセールを対象に発行されています。リテールの場合、個人や自営業者が中心なので、少額取引が多いという特徴があります。

④資金決済の確定（認証）の技術で分類

口座型式なのか、トークン型式なのかで分ける方法です。口座型式には中銀当座預金と銀行預金が当てはまります。一方、トークン型式には現金と仮想通貨が該当します。トークンとは、紙幣、金などのコモディティ、仮想通貨などの資産のことで、人々が決済手段として受け入れるとの前提・信頼のもとで、そのトークンの交換によって決済を行うやり方です。

口座型式の特徴は、残高に対して入金や引き落としを記帳することで帳簿を管理し、資金決済を確定（認証）する際に、口座の所有者と残高を確認するやり方を取ります。中央管理者（中銀当座預金の場合は中央銀行、銀行預金の場合は銀行など）が口座名義を確認し、その口座残高を見て決済を確定するのです。

たとえば、A銀行がB銀行に資金を返済する取引の場合、中央銀行はA銀行とB銀行の口座名義を識別し、A銀行に支払い相応の預金があるのを確認してB銀行へ口座振替をします。民間の銀行の場合も、CさんがDさんの口座へ銀行預金を使って振り込む場合、Cさんの預金口座に支払い相当の預金残高があるのかを確認して、口座振替を行うのです。口座の名義が識別され、資金の流れを中央管理者が把握・追跡しているので、「匿名性」はありません。

これに対してトークン型式の決済では、一定の額面金額を、ヒトからヒトへ、あるいは機器から機器へ移転することにより取引を行うやり方です。紙幣や硬貨の場合、それらが偽物でないことを受け取る側が検証する作業が求められます。もちろん、紙幣を発行する中央銀行や硬貨を発行する政府は、偽造されない工夫をデザインや製造の段階でしますが、基本的には受け取る側の責任になります。

仮想通貨の場合、偽造でないかどうか、あるいは仮想通貨を支払う側が十分仮想通貨を持っており、他の決済に使っていないかを確認する作業を、受け取る側はする必要がないのです。たとえば、ビットコインは「ブロックチェーン」という技術（第4章参照）を使い、分散的に（つまり中央管理者不在の中で）すべての取引を順番に改竄《かいざん》されにくい形で記録する台帳（ブロック）を作ることで確認作業をしているため、受け取る側による確認作業が省かれているのです。

なお、トークン型式の特徴には、支払う側や受け取る側の匿名性を保てるという点もあります。現金に匿名性があることは自明ですが、ビットコインの場合は、支払う側も受け取る側も、本人の身元を明らかにする必要がないからです。

これらがＢＩＳによる分類の仕方です。仮想通貨については、次の章で詳しく論じていきます。

第4章

仮想通貨——その本質と可能性

中国では青果市場の買い物もスマホ決済

世界中で浸透しつつある仮想通貨

法定通貨として認定されていない仮想通貨

ビットコインをはじめとする仮想通貨は、価値の変動の大きさも相まって、多くの人々の注目を集めてきました。誕生してから10年ほどが経過したに過ぎない仮想通貨ですが、大きな衝撃を世界に与え続けています。

日本銀行はもちろんのこと、世界中の中央銀行や金融機関も、仮想通貨の技術的な可能性について評価する一方、これによって自他共にどのような影響を受けるのか、警戒感と危機感を同時に抱いている状況です。

金融庁と日本銀行の定義によれば、仮想通貨とはネット上でやり取りのできる財産的価値とされています。２０１７年4月に施行された改正資金決済法（通称、仮想通貨法）では、次のような性質を帯びているものと明記されました。

（１）不特定の者に対して、代金の支払い等に使用でき、かつ、法定通貨（日本円やドルなど）と相互に交換できる
（２）電子的に記録され、移転できる
（３）法定通貨または法定通貨建ての資産（プリペイドカードなど）ではない

現時点では、ビットコインをはじめとする仮想通貨は、モノやサービスの取引の決済手段として広く利用されるというよりも、投資対象として扱われているケースが多く見られます。また、そもそも「マネー（通貨）」とも見なされていません。証拠金取引などもでき、しかも法定通貨との交換レートの変動の大きさは株式や外国為替よりも大きいため、典型的なハイリスク・ハイリターンの投資対象となっています。

なお、２０１８年12月に金融庁は正式に仮想通貨の呼称を「暗号資産」に変更する方針を示していますが、本書では仮想通貨の呼称を使っていきます。

仮想通貨は新しい〝通貨〟

否定的な意見も多い仮想通貨ですが、これまでにはないまったく新しい〝通貨〟であることは、間違いありません。

事実、仮想通貨は、銀行が発行した銀行預金やこれに紐《ひも》づけられたデビットカードでもなければ、銀行預金などからの引き落としに使うクレジットカードでも、その他のノンバンクが発行した決済手段でもありません。

このように、中央管理者による発行者がいないという構造自体が、ビットコインなどの仮想通貨の革新性を物語っているのではないでしょうか。

極端な話ですが、日本銀行券を発行・管理している日本銀行が何らかの理由で消滅してしまえば、日本銀行券の価値は消滅します。一方、ビットコインのようなブロックチェーン技術を使った仮想通貨の場合、そもそも発行主体や管理者が存在しないため、発行主体が消滅することによってその存在が消滅するというリスクがないのです。これはつまり、仮想通貨がほぼ永遠に残り続けることを意味します。

通常、日本で仮想通貨を手に入れるには、仮想通貨交換業者と呼ばれる事業者に登録し、アカウントを開設する必要があります。仮想通貨交換業者となるには、まず金融庁の事務委託を受ける財務省財務局へ申請しなければなりません。そして、申請が認められ、登録を受けた事業者だけに許されているのです。

仮想通貨の中でも最初に誕生したビットコインは最も人気があり、市場規模（時価総額）も最大で、仮想通貨市場全体の半分程度を占めています。

ビットコインには、2100万BTC《ビーティーシー》（ビットコインの通貨単位）という発行上限が設定されているため、一度にたくさん発行し過ぎないように、発行のスピードがすでに決められています。

当初の設定では、約10分ごとに50ＢＴＣが発行される仕組みになっていました。この発行スピードは、４年ごとに半減していくとプログラムされているため、現在は約10分ごとに12・５ＢＴＣが発行されているに過ぎません。最終的に２１４０年には上限の２１００万ＢＴＣに到達し、ビットコインの発行は終了する予定です。

ビットコインの最大供給量が決められているのは、その通貨価値を確保するのが主な目的です。こうすることで希少性を高め、価値の下落を防ごうとしているのです。発行が止まると、価格は今より安定するかもしれません。

ビットコインが広まった背景

仮想通貨がここまで浸透していったのは、２００８年９月に発生したリーマンショックが引き金となり、世界金融危機が起きたからだと主張する人たちがいます。

当時、アメリカやヨーロッパで深刻な景気後退を経験したため、政府や中央銀行は、金融危機からの早期脱却を確実にするべく、率先して経営危機に陥った金融機関に対して公的資金を注入したのです。

景気がいいときには莫大《ばくだい》な利益を上げ、これを貯《た》め込めるだけ貯め込み、いざ問題が起きると政府や中央銀行に寛大な支援をしてもらう――。

こうしたやり方に対し、当時、強い反感を抱いた人たちが大勢いました。もちろん債務超過に陥って破綻した金融機関もありましたが、多くはそこまで財務が悪化していないとして、手厚い金融支援を受けたのも事実です。

そんななか、政府や中央銀行が管理する金融システムとは無縁の決済システムがあってしかるべきなのではないかと考える人たちが、一気に増えていきます。その延長線上にビットコインの誕生がある、これが〝世界金融危機の発端説〟の主旨です。

また、独裁体制が敷かれている国家や、政治状況が不安定な国に住む人々の多くが自国通貨を信用せず、それを手放して仮想通貨を購入したことが、仮想通貨の広がりに拍車をかけたとも言われます。

自国通貨を信用しない人たちはこれまで、ドルやユーロ、ポンド、円、スイスフランなどの国際通貨に換えたり、金を買うなどして自己防衛するのが通例でした。しかし、いざというときに多額の通貨や大量の金を国外に持ち出すのは、容易ではありません。また、銀行を使って外国に送金する場合には、手数料や時間がかかったり、政府が預金流出を制限することもあります。

実際、2015年にはギリシャで政府が銀行を20日ほど閉鎖し、預金の海外流出に規制をかけるという出来事が起きています。預金者は１日60ユーロしか現金を引き出せないため、十分な物資の購入ができない状態に陥りました。

こうしたリスクや不便さを取り払う可能性を秘めているのが、仮想通貨なのです。24時間３６５日、いつでも好きなときに自国通貨を仮想通貨に交換でき、手数料をあまりかけず外国へも送金できるのですから、人々が関心を示したのもうなずけます。

このような背景もあり、特に先発のビットコインは大きな注目を集め、その結果、２０１７年の価格高騰の原因となったのです。

仮想通貨の特徴や強みとは？

では次に、仮想通貨の特徴や強みについて見ていきましょう。

まず、仮想通貨には、法定通貨とは異なる独自の通貨単位を持つという特徴があります。たとえばビットコインの場合、ＢＴＣという独自の価値の尺度があり、それを使ってモノやサービスの値段を表示できるのです。

また、高い「匿名性」を保てるのも、仮想通貨の特徴と言えます。仮想通貨を取引する際には、後述する暗号技術が用いられるので、本名や住所などの個人情報を提供する必要がないのです。この「匿名性」に関しては、「現金」と似ています。ただし、匿名性は絶対的なものではなく、取引情報はすべて公開されており、個人の身元証明や銀行口座などの個人情報は、仮想通貨交換所に保管されているので、時間をかけて追跡すれば、身元が割れてしまうこともありえます。

不特定多数を相手に、一部のモノやサービスについては、買い入れのための代金支払いや送金をスムーズにできるようになっているのも特徴の1つです。この点が、若者を中心に受け入れられ、大きく広がっていく原動力になっています。

続いて、ビットコインの強みについて、さらに触れていきましょう。

まずは「P2P《ピーツーピー》」ネットワークを導入していることが挙げられます。「P2P」ネットワークとは、ネット上で対等な関係にあるコンピュータ端末（ノード）を相互接続し、データを送受信する通信方式のことです。もしくは、この方式を用いて通信するソフトやシステムを指す場合もあります。ビットコインのプログラムをインストールすれば、ノードの運営を始められます。

中間にサーバーを置かない「P2P」が優れているのは、外部からの攻撃を受けにくくなるという点です。1つのコンピュータ端末がハッキングにあったとしても、他の多数の端末は稼働しているので、資金決済が止まるという心配は、限りなく軽減できるからです。

一方、サーバーを基点にした中央銀行や民間銀行の既存のコンピュータシステムの仕組みには、システムの開発費用が非常に高額な上に、維持費用が膨大になるという欠点があります。しかも、そのサーバーがハッキングに遭ったり、自然災害などでダウンしてしまうと、資金の決済ができなくなってしまう恐れも生じます。通常はバックアップ機能を用意して緊急時に備えていますが、そうした費用もばかになりません。

その他のビットコインの強みとしては、国境を越えてネット上で簡単に送金や決済ができることです。

たとえば、アメリカで売っているモノを日本で購入するケースを考えてみます。法定通貨を介して支払いをする場合、日本に住む私たちは、まず円からドルなどへの換算を済ませないと支払いができません。となると、為替レートの変動リスクも生じますし、為替手数料や送金手数料という費用も発生します。

ところが仮想通貨を使う場合には、こうした為替リスクが生じません。さらに、手数料は場合によりますが、法定通貨を介して支払いをする場合よりも低くなるケースも多いようです。また、ネット上で見つけた商品に「１ＢＴＣ」という価格が付けられていたら、それは日本でも、アメリカでも、中国でも１ＢＴＣです。購入後は、１ＢＴＣを送金すれば支払いは完了します。

こう考えると、仮想通貨はすでに世界共通で使える「マネー（通貨）」のような存在になりつつあると言えるのかもしれません。

また、ビットコイン以外の仮想通貨を見ても、たとえばイーサリアムには、次のような特徴があります。それは、契約条件の取り決めや契約の履行証明をプログラムし、契約内容を自動的に執行させる「スマートコントラクト」という機能が付随していることです。

通常の契約では、履行証明や執行の状況をチェックするのには人手が必要ですが、スマートコントラクトではこうした人手や費用は発生しません。これはまさに経済や企業の効率性を高める画期的な技術です。

仮想通貨の課題とは

これまで見てきたように、仮想通貨にはプラス面がたくさんある一方で、問題点もいくつかあります。

1つ目の問題点は、やはり何と言っても、その価値の変動が大きいことです。仮想通貨と法定通貨の交換比率は常に変動しており、現在のところ、既存の通貨ペアの為替レートよりもはるかに激しく動きます。ビットコインには価値を安定させるメカニズムがないため、どうしても変動幅が大きくなる傾向があるのです。

たとえば、FX（外国為替証拠金取引）を行う場合、証拠金の25倍までしか取引できないという制限があります。株式の取引であれば、一定以上の価格変動が起きると強制的に取引を停止させるサーキットブレーカー制度が整備されています。

また、FXの場合、自国と他国のインフレ率や経常収支（貿易収支）を比較したり、両国の金利差などのファンダメンタルズに着目しながら、妥当と考えられるレートをある程度推測しつつ投資をすることも可能です。株式であれば、企業業績やその見通しなどのファンダメンタルズ、その国の金融政策、経済政策などを注視することで、妥当と思われる価格をある程度推測できます。

ところが仮想通貨の場合には、自己資本よりも大きな証拠金取引や信用取引ができますが、取引額に制限がありませんし、そもそも価格の変動を予測するための指標や要素がありません。さらに、ビットコインのような仮想通貨には、発行主体も存在しないので、価格変動を予測するのは現時点では非常に困難です。この不確実性は、間違いなく仮想通貨が抱えている問題点の1つだと言えます。

また、たしかに証拠金取引や先物取引については、欧州連合（EU）では証拠金倍率の上限を2倍に規制し、ビットコイン先物取引ができるシカゴ・マーカンタイル取引所（CME）なども約2倍としています。

しかし、日本では取引所で自主的に最大25倍と設定しているところもありますが、今のところ明確な規制はありません。

２つ目の問題点は、仮想通貨同士の取引や仮想通貨を円やドルなどの法定通貨に換える取引の際には、民間が運営する仮想通貨交換所を通さなければならないことです。仮にこうした事業者が万全のセキュリティ対策を整えていなかったとしたら、たとえ仮想通貨の技術面が優れていたとしても、サイバー攻撃やハッキングの被害などを受けてしまう危険性があります。事実、２０１８年1月には、仮想通貨交換業者のコインチェックがハッキングに遭い、５６０億円相当の仮想通貨ネム（ＮＥＭ）が流出しました。仮想通貨に関して、仮想通貨交換所に預けているインターネットからのオフライン管理体制が不十分だったことが、その原因と見られています。

ちなみに、ネムは２０１５年にネム財団がブロックチェーン技術をもとに発行した仮想通貨で、すでに上限の約90億ＸＥＭ《ぜム》（単位）を発行しているため、ビットコインのようなマイニングによる採掘（後述）がないという特徴があります。

盗まれた仮想通貨は当初は追跡が可能であっても、次から次へと様々な仮想通貨に細分化されて世界に分散されてしまうと、これを追跡するのはほぼ不可能です。円やドルなどの法定通貨に換金した時点で犯人を特定できると考えられるかもしれませんが、流出した資金が様々な仮想通貨などに細分化されたあとでは、現実には難しいと考えたほうがいいでしょう。

また、現時点で手持ちの仮想通貨を何らかの原因で失った場合、基本的には自己責任に問われ、保証されることは滅多にありません。ハッキングで仮想通貨が流出したようなケースでは、仮想通貨交換業者が責任を被って負担することもありますが、保証する仕組みがないので、ハッキングによる損失は完璧には防げません。要するに、急成長した分野であるため、規制やルール作りが追いついていないのです。

ただし、事前にこうした問題が発生するのを防ぐため、仮想通貨交換業者も業界全体で自主規制機関を整備し、顧客保護とハッキング防止の体制を作ろうという動きを見せ始めています。

なお、詐欺に近い仮想通貨関連の広告の存在も問題です。フェイスブックはすでに、仮想通貨関連の広告を全面的に禁止していますが、こうした事実も知っておいたほうがいいでしょう。

3つ目の問題点は、高い匿名性があるゆえに、麻薬や脱税などの違法なマネーロンダリング（資金洗浄）やテロの資金源として悪用される可能性があることです。これに関しては、各国の政府や中央銀行が警戒を強めています。

マネーロンダリングの問題に対処するために、日本では金融庁が仮想通貨交換所に対して利用者の本人確認を義務づけたり、違法な取引がないか自己チェックするように規制の厳格化を始めました。しかし、仮想通貨交換業者を介さずに口座を開設することも技術的には可能なため、身元確認を逃れる術《すべ》はあるようです。しかも、この規制は国内の交換業者だけが対象なので、外国に向けて送金された場合には、規制の効力が及びません。今後は、国際的な共通規制が不可欠になるでしょう。

資源の無駄遣いが疑われる仮想通貨

仮想通貨が抱える問題点は、まだ続きます。

4つ目の問題点は、ビットコインに限定した話にはなりますが、支払いを完了するまでに一定の時間がかかることです。

仕組みについては後述しますが、マイニングという確認作業を通じて取引情報を検証し、新しい取引情報が入った台帳（ブロック）をその直前の台帳につなげていくプロセスに、約10分という時間を要するのです。このため、クレジットカードやデビットカード、アプリ決済などのキャッシュレス決済手段と違い、即座に支払いを済ませてその場を立ち去ることができません。

これは、スケーラビリティと呼ばれる技術的問題です。たとえばビットコインの場合、ブロックに収まるデータの容量に制限（最大1MB）があり、1秒間に処理できる取引件数が3.3～7件程度なので、決済通貨として幅広く利用されるには限界があるのです。もちろん、ブロックチェーンにかかる仕様を変更すれば容量は増やせます。

■ビットコインの年間電力使用量（左）と毎秒あたりの取引数（右）

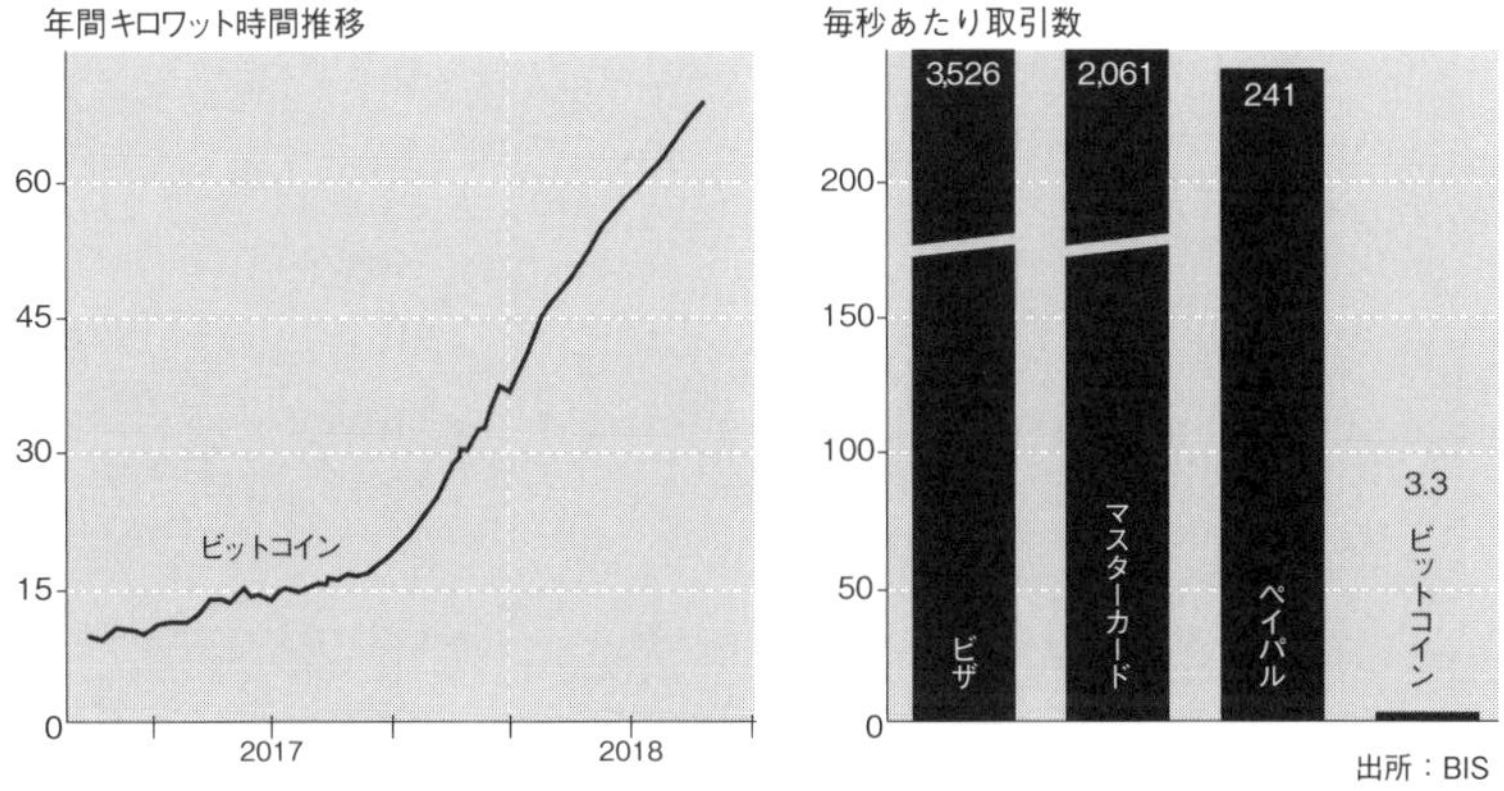

出所：BIS

ただブロックを大きくすると、マイニングのためにより大きな容量の端末が必要となり、それが資金的にも可能な人たちだけがマイニング作業に参加することになり、非中央集権的な特徴が失われてしまいます。

５つ目は、特別なコンピュータを使用するマイニングにかなりの電力を消費するため、電力資源を無駄遣いしているのではないかという問題です。国際決済銀行（ＢＩＳ）の発表では、ビットコインのマイニングのために消費される年間電力量は、スウェーデンの年間電力量と同等とされています（上図）。

６つ目は、マイニング作業をする人たちの中の一部による、いわゆる「51％攻撃」によって二重払いが起こりうることです。高速処理できるコンピュータを何台も持つマイナーが採掘に成功して新しいブロックをつなげるときに、架空の取引記録を書き込み、しばらく続けてより長くブロックをつなげることで正しいブロックと見せかけ、他の取引に支払われるはずの仮想通貨を支払わせることができてしまうのです。

このように、まだまだ様々な課題がありますが、それでも仮想通貨に未来がないとは言い切れません。むしろ、今後はこれまで以上に発展していく可能性が高いのではないでしょうか。

将来的にさらに技術が進み、多くの人たちに受け入れられるような仮想通貨ができれば、法定通貨と競合するだけの通貨に成長するポテンシャルを十分に備えていると考えていいでしょう。

仮想通貨は〝法定通貨〟になれるのか？

ビットコインの革新性はブロックチェーン技術にあり

仮想通貨の概要をつかんだところで、次に仮想通貨の技術面での特徴について触れていきましょう。ここではビットコインのケースを説明します。

ビットコインは、２００８年にサトシ・ナカモトという人物がネット上に発表した論文が、その誕生の出発点となっています。この論文を基に、世界のエンジニアたちが運用プログラムを開発し、始動にこぎつけました。ビットコインを管理している組織は存在せず、すべて自動プログラムによって運営されています。

ビットコインの最大の魅力は、分散型台帳技術（ＤＬＴ）を基にした「ブロックチェーン」技術を導入し、新しいデジタル金融商品を作り出している点です。ＤＬＴとは、すべての取引履歴を台帳（ブロック）に分散して管理する方法を指します。

具体的な仕組みとしては、ネットワーク上に保存・公開されている新しい取引（後に見るように、AさんからBさんへの送金など）の履歴をブロックの状態に分け、これを鎖のようにつなげて新しい取引履歴を追加していき、取引の整合性を確認していくというものです。新しい送金リクエストがP2Pネットワークに送られると、ネットワークに参加するマイナー（ノード）たちが、その取引の検証作業をします。

この技術の核心部分は、取引情報をブロックに分散し、公開しているところです。

ところです。これにより、不特定多数の人（誰でも）がブロックをつなげていく作業に参加できる偽装や改竄《かいざん》がないかを検証し合って不正を防ぐ仕組みを構築しているのです。

なお、このように「ブロックをつなげていく検証作業」が、先ほど触れた「マイニング」と言われるものです。ビットコインに興味がある人であれば、一度はマイニングという言葉を聞いたことがあるかと思います。

各ブロックには、たくさんの新しい取引情報だけでなく、その前のブロックの情報も、取引が生じた順に入っています。

また、各マイナーは、新しいブロック候補となる自分のブロックを作りますが、そこにも新しい取引情報（送金リクエストなど）がたくさん入っており、その他その直前のブロック情報も収納されています。ここでマイナーたちは計算をして特定の性質を満たす数値（ナンス）を見つけ、早く見つけたマイナーが直前のブロックに新しいブロックをつなげることを提案します。そして、他のすべてのマイナーが、このマイナーのブロックを受け入れれば、前のブロックに鎖でつながれます。その結果、このマイナーが、ブロック作成の報酬としてビットコイン（現在は１２・５ＢＴＣ）を受け取ることができるのです。１つのブロックが作られるのに、およそ10分かかります。

個人や企業が銀行口座を通じて取引をする場合、銀行によって口座名義や口座残高に関する検証作業が行われ、取引の正当性が確立されていきます。一方、ビットコインでは、お互いの存在さえも知らない不特定多数のマイナーたちにより、取引の正当性についての検証作業が行われています。ビットコインが画期的なのは、まさにこの点なのです。

なお、ブロックチェーン技術は様々な形で応用されており、最初に誕生したビットコインのほかに、イーサリアムなどの仮想通貨の誕生にも寄与しています。

暗号技術によって確立されたビットコインの安全性

ビットコインは、基盤となるブロックチェーン技術のほかに、暗号化技術・理論に基づく仕組みにも支えられています。

ビットコインの取引には所有者の「デジタル署名」が割り当てられており、正しいデジタル署名を持っている人（正式なビットコインの所有者）だけが、別の人（受け取り手）にビットコインを送ることができるシステムになっているのです。

このプロセスが実行される際に使われているのが、「公開暗号方式」で、これにより「秘密鍵」および「公開鍵」がセットで作られるのです。

これら2つの鍵は、乱数（ランダムに生じた数値）を入力した特定のプログラムを使って生成されており、秘密鍵から公開鍵を特定することも、逆に、公開鍵から秘密鍵を特定することもできないという性質があります。そして、これら2つの鍵の1つを使って取引情報を暗号化し、もう1つの鍵を使ってそれを復元して暗号化する前の取引情報に戻すという処理を行うのです。

なお、公開鍵はネットワークの参加者全員に公開されています。一方、秘密鍵は本人だけが知っており、しかも、ある特定の公開鍵を含んだ取引情報は、そのペアの秘密鍵を持っている人だけが解読できるように暗号化されています。そのため、くれぐれも秘密鍵が他の人に知られないように注意して管理する必要があります。

ここで、Aさんが、ある取引情報（メッセージ）を作成し、それを作成した人がAさん本人であることを証明したいとします。そのために、Aさんはこのメッセージを Aさんの秘密鍵を使って、電子署名をして暗号化します。元のメッセージや暗号化されたメッセージは公開されます。ネットワークの参加者は、Aさんの公開鍵を使って、この暗号化されたメッセージの復元をします。そして、この復元されたメッセージと元のメッセージを比較して一致していれば、このメッセージはＡさんが書いた張本人だということが証明されます。なぜなら、Ａさんが自分の秘密鍵で暗号化したメッセージは、同じペアのＡさんの公開鍵でしか元に戻せないからです。

なお、ここで１つ問題が残ります。それは、暗号化や復元などの処理をするには、かなり時間がかかる計算をしなければならないため、決して効率的ではないことです。そこで、ハッシュ関数を利用して、電子署名したメッセージを非常に小さな固定した長さの数値に変換してから処理をすることで、効率化を図っているのです。ハッシュ関数を使って得られた数値を「ハッシュ値」と呼んでいます。また、ハッシュ関数には、メッセージをハッシュ化するとそれを元のメッセージに復元できないという性質があるため、メッセージ自体が改竄《かいざん》される心配はありません。

ここまで、暗号技術を使った仕組みについて、ご理解いただけたでしょうか。

それでは、ここからビットコインを交換する事例として、ＡさんがＢさんに１００ＢＴＣを送金する取引を考えていきたいと思います。ここで、Ａさんは、Ｂさん（公開鍵に基づくビットコインアドレス）にビットコインを１００ＢＴＣ送金するというメッセージ（取引情報）をハッシュ値に変換して改竄できないようにします。その上で、Ａさんの秘密鍵を使って暗号化します（つまり、電子署名します）。そして、Ｂ

さんのビットコインアドレスに向けて、暗号化したメッセージ、（ハッシュ化・暗号化する前の）元のメッセージ、およびAさんの公開鍵を送ります。このときに、Aさんがこれらの情報をネットワーク上のコンピュータ端末（ノード）のどれか1つに公開すると、ネットワーク全体に自動的に公開されます。

このとき、Aさんのノードにインストールされたビットコインのプログラムで、Aさんが送金に必要なビットコインを十分に持っているかどうかが、過去の履歴情報から自動的に検証されます。

そうすると、AさんがBさんに送金するというメッセージについて、前述したネットワーク上のマイナーが、そのメッセージはAさんが送ったものであるのかを前述の要領で確認する作業に入ります。確認ができると、このメッセージは前述の新しいブロックの中に、ほかの新しい取引情報とともに取引実施時をもとに順番に組み込まれていきます。

そして、マイナーたちが採掘作業を実施し、特定の性質を満たす数値（ナンス）を見つけて、この新しいブロックがその直前の承認されたブロックにつながると、初めてAさんがBさんに送った送金取引は完了するという仕組みなのです。

代表的な仮想通貨

仮想通貨には実に多くの種類が存在し、現在、その数は２０００以上になります。それらを発行しているのは、主にＩＴ企業が中心です。これまで金融に無関係だった企業が、最新のＩＴ技術を用いて仮想通貨を取り扱い始めているのです。

これらの仮想通貨の中で、先発のビットコインを除いたものは、アルトコインと呼ばれており、前述したネムもここに含まれます。

アルトコインの代表的なものは、前述したイーサリアムです。ビットコインが決済用の仮想通貨だとすれば、イーサリアムは、ブロックチェーンの仕組みを使って新サービスを開発し、提供するためのプラットフォームと言えます。先に紹介したスマートコントラクトは、まさにイーサリアムのプラットフォームを活用して開発されたサービスです。なお、イーサリアムが発行する仮想通貨単位は「ＥＴＨ《イーサ》」と言います。

ＸＲＰという仮想通貨を用いるリップルもよく知られています。リップルはアメリカのリップル社が開発を続けている送金ネットワークプロジェクトで、ＸＲＰを介して国内・国際間の決済をより安価に、よりスピーディに行えるように開発されているのが特徴です。

リップルのネットワークはＤＬＴを利用していますが、ＸＲＰにはリップル社という発行主体となる企業が存在し、中央管理者として機能するため、不特定多数が取引の検証作業に参加するビットコインとは異なります。

ビットコインキャッシュについても触れておきましょう。この仮想通貨は、2017年8月にビットコインから分裂する形で誕生したアルトコインです。

基本的な仕様はビットコインと同じですが、スケーラビリティの問題を改善するために、ブロックのデータ容量を大きく拡大したものです。

ビットコインキャッシュは、ビットコインのマイニング作業をしていた参加者たちが提唱した仮想通貨であるため、仕様はビットコインに似ています。実際、ビットコインのマイナーの中の特定の人たちが、ビットコインキャッシュのマイニング作業をしています。つまり、ビットコインのように不特定多数の参加者によって行われているわけではないのです。したがって、仮に彼らがマイニング作業をやめてしまうと、消滅してしまう可能性をはらんでいる仮想通貨と言えそうです。

ICOに対する規制の強化

仮想通貨の話になると、ICO（イニシャル・コイン・オファリング）という用語をよく耳にします。ICOとは、既存の仮想通貨のプラットフォーム（イーサリアムなどのブロックチェーン）を利用して、企業などがある特定のプロジェクトに対して「トークン」を作り、それを発行して資金を調達することです。

なお、こうして発行されたものも仮想通貨と呼ばれていますが、ビットコインやアルトコインなどとは分けて考えた方がいいでしょう。仮想通貨業界では、こうしたブロックチェーンベースのコインをトークンとも呼んでいます（第３章のＢＩＳのトークンとは意味が異なっていることに注意）。

ＩＣＯの実施主体は、資金調達をする際に説明文書を作成し、投資家に公表します。ただし、財務諸表を添付するなどの統一した規則はなく、そこに書かれている内容が本当に正しいのかを証明する明確な方法や第三者も存在しない状況です。したがって、発行されるトークンが本当に購入するに値するものなのか、それとも一文の得にもならないものなのかは、なかなか区別できません。

実際、これまでには実施主体が資金調達したあと、個人的に流用してしまったり、トークンの開発プロジェクトに配分すると言っておきながら、これを実行しない詐欺的行為や、正式な販売前にプリセール（トークンの先行販売）において安い価格でトークンを手に入れた投資家が、仮想通貨交換所で売買が可能になると早速売却して利益を上げようとするため、市場価格が下落してしまうといった副作用も起きています。

ＩＣＯが盛んに行われているのは、証券関連法制などの厳格な規制が適用されず、比較的容易に資金調達ができるからでしょう。

ただし、アメリカの証券取引委員会（SEC）は現在、こうした資金調達の方法を問題視し、規制強化に乗り出しています。この流れの中で、ICOによって発行されるトークンは有価証券の一種であるとされ、証券関連法制が適用される事例も出てくるようになりました。その結果、SECへの登録を行わずにICOを実施すると、不正な有価証券の募集を行ったとして、差し止め命令や課徴金の対象になることもあります。

事実、SECは2017年7月、ICOを行ったThe DAO（ザ・ダオ）に対し、証券法に違反しているとの判断を下しています。

The DAOは、一定の規約で運営される管理者を持たない非法人格の組織です。この組織は、仮想通貨イーサリアムへの出資を投資家に呼びかけ、その対価としてDAOトークンを発行すると公表しました。それによって得た資金でプロジェクトを立ち上げ、得られた利益を投資家に分配する計画だったのです。

このICOにより、The DAOは2016年に1200万ETH（1・5億ドル程度）を調達しました。ところが、サイバー攻撃を受けて、360万ETHが流出する事件が発生します。

その後、同社の創業者が流出したイーサリアムをDAOトークン保有者に回復させることに成功し、投資家の損失はどうにか回避できました。

しかし、調査を行ったSECは、有価証券の定義の1つが「他社の努力によって利益を得られると合理的期待をして出資すること」であることを踏まえ、今回のICOがDAOトークン受領者との投資契約に当たり、DAOトークンは証券に該当するとして証券法の適用を決めています。

SECはThe DAOを提訴せず、注意勧告をするにとどめました。しかし、2018年11月以降、不適切なICOを行った複数の案件に対して、罰金を適用するようになっています。

日本では金融庁が、アメリカと同様、配当や利子を配分し投資と見なせるトークンについては、金融商品取引法の規制対象にすることを検討中です。

なおICOは、韓国や中国では禁止されていますが、スイスでは2018年からICOガイドラインを発表し、条件を満たした企業に発行を許可しています。

仮想通貨取引から中国人の姿が消えた！

2017年9月、中国本土において、仮想通貨取引所に対する業務停止命令が出されました。これを受けて、ビットコイン取引量の大半を占めていた人民元のシェアがゼロとなり、代わってドル、ユーロ、円のシェアが2018年から増え続けています。円建ての取引が一時はトップになりましたが、今ではドル建て取引が圧倒的なシェアを占めています。

とはいえ、2016年までは中国における取引量が断トツで世界1位だったと言われていますが、本当のところはよくわからないようです。中国の仮想通貨取引所が頻繁に架空の売上計上をしていたとの話もあるようです。

また、取引がきちんと記録されているとしても、ブロックチェーン外で行う取引（オフチェーン取引）も多いようです。

オフチェーン取引とは、仮想通貨取引所のネットワークを使って取引所内で行われる取引や送金のことです。オンチェーンであればマイナーによる取引の承認プロセスが必要になりますが、オフチェーンでは必要ないので、その分、ブロックへの記録回数を減らし、前述したスケーラビリティの問題を改善することができるため、利用されています。

このため、仮想通貨取引所が提出するオンチェーンの統計で中国が1位だったとしても、実際の取引の実態はこれとは違っている可能性もあるのです。また、外国で運営されている取引所の中には、法律によって規制がなされていないところも多く、仮想通貨取引の統計に対する信憑性《しんぴょうせい》には、まだまだ疑問符が付きまといます。

ところで、あれだけビットコインの取引に夢中になっていた中国人たちは、今はどうしているのでしょうか？　彼らが潔く取引をやめてしまったとは、なかなか考えられません。

取引を望む中国人に用意された危険な抜け道

人民元とビットコインを交換する取引所は、香港などの中国本土以外でもほとんど存在していないため、中国本土の人たちがビットコインを取引するのは以前より難しい状況になったのは確かなようです。ただし、抜け穴はあるようです。

たとえば、香港のテザー社が発行する仮想通貨「テザー」（ＵＳＤＴ）を使う方法です。

香港では、カレンシーボード制という為替制度が導入されており、香港ドルのレートはアメリカドルに対して固定されています。テザーは、この状況を利用し、アメリカドルとの為替レートの変動の影響を抑えながら、仮想通貨による送金や決済の需要を取り込むために開発されました。

実はこのテザーが、中国本土から人民元を使って、ビットコインなどの仮想通貨に投資する規制の抜け道に利用されていることがよく知られています。

中国本土の投資家はVPN（バーチュアル・プライベート・ネットワーク）を使って中国本土外の香港などの取引所にアクセスし、人民元をまずテザーに転換し、さらにテザーをビットコインなどの仮想通貨に交換できているようです。また、こうした取引所の中には、外国企業と見せかけて、実際は中国本土で運営されているものもあるようです。テザーは対アメリカドルで価値が安定しているだけでなく、仮想通貨なので送金が容易なこともあって、仲介通貨の役割を果たしていると言われています。

ちなみにこのテザー社ですが、2017年11月にハッキングに遭い、ウオレットから約3000万テザーを流出させました。

翌12月には、米商品先物取引委員会（CFTC）が、テザー社と香港にある仮想通貨取引所「ビットフィネックス」に対し、召喚状を送付しています。

2018年に入り、同社にはCFTCによる調査が入りました。調査の理由は、テザー社が十分なドルを準備金として保管しておらず、顧客に損失を与える可能性があると見られていたからです。

アメリカドルとテザーの交換が等価で行われるには、投資家から集めたドルを準備金としてプールし、投資家のアメリカドルへの換金要請に常に対応可能である必要があります。ところがテザー社は、そのプール金の一部をビットコインに投入していたと見られています。しかも、ビットコインの価格が急激に低迷したため、価格を下支えするために巨額の資金投入をし、プール金であるドルを不足させているとの疑惑も持たれているのです。

アメリカドルが不足しているとわかれば、テザーの価値はドルに対して低下します。仮にテザー社が破綻《はたん》すれば、テザーは無価値となり、多大な損失が投資家に降りかかるのは明らかです。

現時点では、ＣＦＴＣによる明確な判断は下されていません。テザー社は現在も運営されており、テザーは今も発行されています。ただし、テザーが発行されるとビットコイン価格が上昇するという連動性はいまだに取り沙汰《ざた》されており、疑念は完全に晴れていないようです。

第5章

仮想通貨時代の「お金」のゆくえ

現金志向の強い日本で、キャッシュレス化は進むのか

現金はどこへ行くのか？

インドとユーロ圏はなぜ高額紙幣を廃止したのか？

今日のようないわば「仮想通貨時代」にあって、これから「お金」はどこへ行くのでしょうか？　また、私たちはこうした時代に、どのように「お金」と向き合っていくべきなのか……。本章では、こうした観点から「お金」を捉えていこうと思います。

２０１７年、マクロ経済学の第一人者として有名なハーバード大学のケネス・ロゴフ教授は、自著の中で、社会から高額紙幣を徐々に廃止して小額紙幣と硬貨だけを残し、現金を使わない決済手段へと転換することを提言しました。

この提言がなされた理由の１つは、ロゴフ教授が、脱税や汚職、犯罪、テロを防止したいと考えたためでした。

紙幣の所有や紙幣を使った取引は他人に把握されにくく、匿名性が高いという特徴があります。そのため、紙幣が脱税や汚職、さらにはテロの資金源として使われてしまえば、当局がその動きを察知するのは非常に困難です。そこでロゴフ教授は、高額紙幣の廃止を提言するに至ったのです。

ロゴフ教授が高額紙幣の廃止を提言したもう１つの理由は、高額紙幣を廃止すれば、自宅に現金を保有するための費用が高まるというものでした。確かに小額紙幣だけで一定額以上の紙幣を所持するとなると、広くかつ安全な保管場所を確保しなければならず、費用がかさむことになります。そうなれば、人々は保管の手間やその費用を考えて、違法行為目的で現金を秘密の場所に保管しておくという行動が減り、お金はもっと循環して経済が活性化する……。ロゴフ教授は、そう考えたのです。

高額紙幣の廃止については、２０１６年、すでにインドで同国の経済を揺るがすほどの大きな出来事がありました。

２０１６年11月８日、ナレンドラ・モディ首相が夜のテレビ演説の中で突如、５００ルピー（約８００円）札と１０００ルピー（約１６００円）札を、４時間後に廃止すると発表したのです。さらに、11月10日から12月末までに、所持している５００ルピー札と１０００ルピー札を銀行や郵便局に預けるか、新しい紙幣と交換しなければ無価値になるとも宣言しました。

モディ首相はこのとき、新しい５００ルピー札と２０００ルピー札を発行するとも語っています。

その目的は、偽造紙幣の根絶、賄賂や不正蓄財の撲滅でした。政府が把握していない闇のお金の流れやインフォーマルな経済活動（政府に活動が登録・報告されず、課税を逃れている非合法な経済活動）を断ち、不当な経済活動で得た資産を把握するためでした。こうした活動を政府が把握することで、国内総生産（ＧＤＰ）などの公式統計に計上し、課税をしっかり行って税収を増やそうという意図があったのです。

また、インドは現金主流の経済で非効率なため、キャッシュレス化を促す狙いもあったようです。

これらが進めば、透明性の高い効率的な経済構造を作ることができます。さらには、地下資金が犯罪に流用されるのも防げると見込んだのです。

混乱を招いた高額紙幣の廃止策

モディ首相の演説を聞いた国民は、突然の高額紙幣の廃止宣言に仰天しました。宣言翌日、インドでは大騒動が繰り広げられます。

廃止された紙幣を新しい紙幣と交換する際に、毎日の交換金額に制限が加えられたこともあって、十分な交換ができずに企業や個人がパニックに陥ったり、高額紙幣に代替する紙幣が急速に不足したせいで、零細企業が営業停止に追い込まれる事態が発生したのです。この政策のために１００万人以上の労働者が失業し、生活の糧《かて》を失ったとも言われています。

５００ルピー札と１０００ルピー札は、インドで流通する現金のうち約85％を占めていました。したがって、突然の両紙幣の廃止はインパクトが大きく、景気は失速してしまいます。

実質ＧＤＰ成長率は対前年比で、それまでの7～8％からどんどん下がり始め、２０１７年４～６月期には5・6％まで落ち込みました。ただし、この景気の落ち込みには、政府が２０１７年半ばに導入した物品サービス税（ＧＳＴ）によって消費が低迷したことも影響していました。

その後、経済活動は少しずつ勢いを取り戻し、２０１８年４～６月期の実質ＧＤＰ成長率は、対前年比で８・２％を記録しています。

高額紙幣の廃止が発表されてから2年が経過し、インドの中央銀行は５００ルピー札と１０００ルピー札の回収率が99％以上に達したと報告しています。

政府は当初、犯罪に絡むお金は、政府に把握されるのを恐れて一部は戻らず、廃止した両紙幣のうちの3分の1ほどは回収不能になるだろうと予想していました。ところが、予想以上に高い回収率となったので、退蔵されていた高額紙幣のほぼすべてが

■インドの現金発行総額（2000年＝100）とGDP比（%）

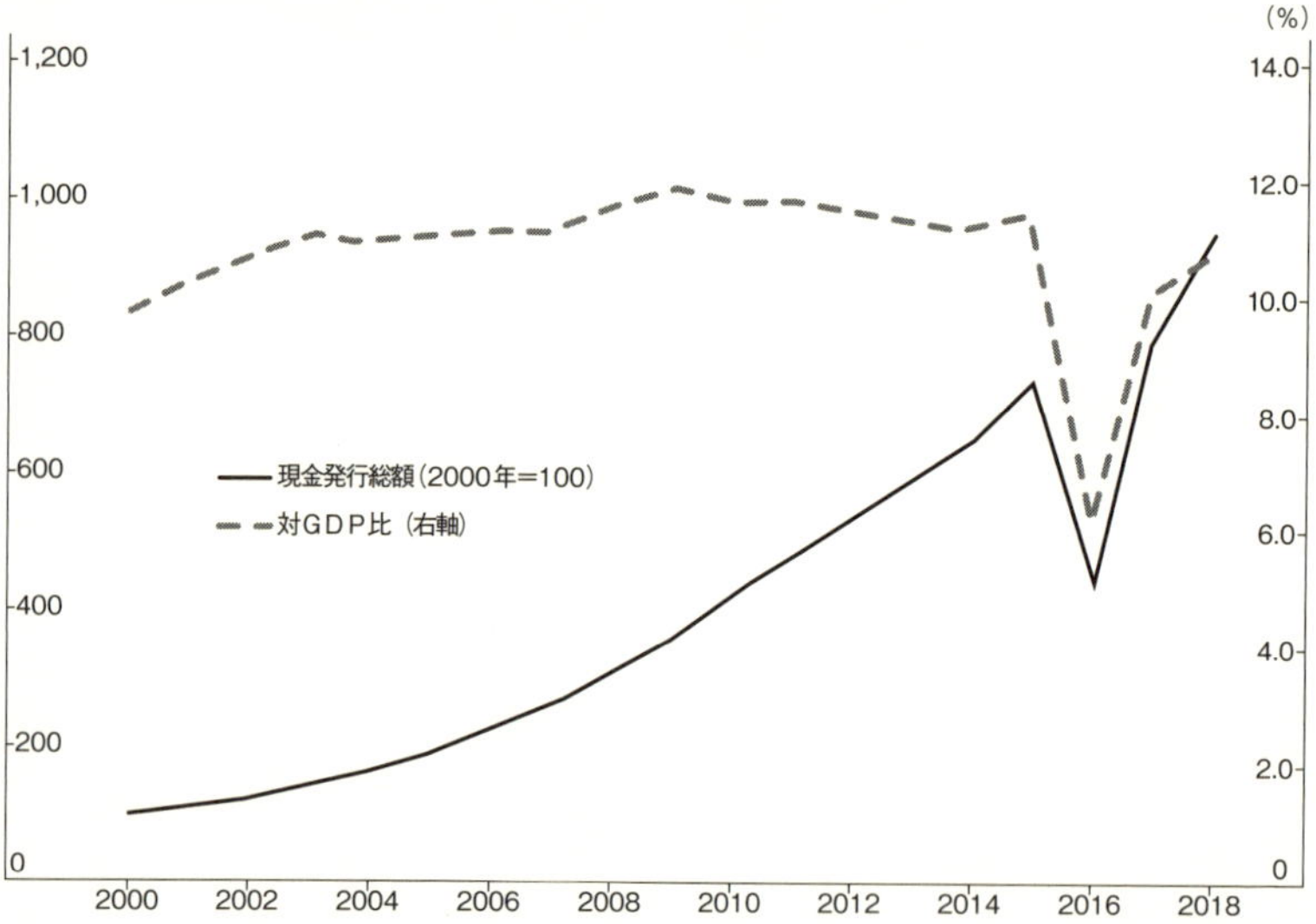

出所：CEIC

表にあぶり出され、不正使用の抑制や犯罪防止の効果は十分に得られたようにも見えます。

しかし、高額紙幣の廃止は零細企業や自営業を中心とするインフォーマルな経済活動に大打撃をもたらしただけで、汚職や犯罪については、状況は以前とほとんど変わっておらず、違法な活動で得たお金は偽名や第三者の名前を使い、これを隠れ蓑《みの》に資産として保有されたままだとの厳しい見方もあります。

現金発行総額は、高額紙幣廃止の影響でいったんは大きく落ち込みました。上図は現金発行総額について、2000年を

１００と置き換えて、その推移を示しています。確かに、２０１６年には大きく減少したのが見て取れます。しかし、その翌年には大きく増えており、現金需要の強さを物語っているようです。

一方で、現金発行総額の対ＧＤＰ比に注目すると、高額紙幣廃止以前に完全に戻ってはいないようにも受け取れます。今後の動向を確認する必要がありますが、数値を見る限り、経済活動を上回って現金発行が増えている状況ではないので、多少なりともインド人の現金志向が和らいだのかもしれません。

事実、高額紙幣の廃止がきっかけで偽札が減少しただけでなく、紙幣不足を補うための電子マネーの普及がある程度進んだようです。インド政府は、銀行預金者の増加やモバイル決済などによるキャッシュレス化を促進しており、こちらも多少の効果はあったと言っていいでしょう。

ヨーロッパでも高額紙幣が廃止

ユーロ圏では２０１６年５月、欧州中央銀行（ＥＣＢ）が５００ユーロ（約６万４０００円）札の廃止を決定しています。しかし、インドのような新紙幣への置き換えは行っていません。

この高額紙幣は、日本の１万円札やアメリカの１００ドル（約１万１０００円）札と比べ、高額すぎるとの声が以前から出ていたのです。現金志向の強いドイツで廃止に反対する意見が出ましたが、ＥＣＢは犯罪防止を理由に廃止の決断を下しました。ユーロの高額紙幣は、かねてより麻薬売買などの違法取引のほか、テロ資金源として使用されているとの指摘があり、こうした問題を撲滅する目的があったのです。

２０１８年末、実際に発行が停止されました。５００ユーロ札を使う人は元々少なく、現時点では経済への影響は最小限に抑えられているようです。ヨーロッパの中央銀行関係者や専門家と話しても、５００ユーロ札の廃止による経済への打撃があるとの指摘はなく、今後も、インドのような混乱は起きないでしょう。

すでに流通している５００ユーロ札については引き続き無期限で使用でき、他の紙幣や硬貨との交換も可能です。なお、廃止決定後、５００ユーロ札に代わって２００ユーロ札と１００ユーロ札の需要が高まったため、こちらの流通量は増えています。

ところで、ＥＣＢによると、ユーロ圏ではいまだに現金志向が強いようです。

各国のスーパーやコンビニのレジで得たＰＯＳ（販売時点情報管理）データを基に実施した調査結果によれば、人々が通常の買い物で使う決済手段は、現金が依然として多く、小額の買い物になるほど現金が使われているのがわかります。

なお、この調査では、１０００ユーロ（１万３０００円相当）以上の買い物における現金支払いの割合も公表されました。各国を比較すると、ギリシャではなんと7割近くが現金で支払われているのがわかります。

ギリシャは元々、ユーロ圏の中で最も現金志向が強い国で、公共料金や、家賃、税金などの支払いは、現在でも現金払いが主流です。

こうした状況をギリシャ政府も好ましいとは思っておらず、2017年からは給与については銀行振り込みとし、小売店、ホテル、弁護士事務所、クリニックなどあらゆる事業所に対して、クレジットカードなどキャッシュレス手段で決済するように義務付けました。しかし、それでも現金志向は変わらず、キャッシュレス化が進行する兆しは見えません。

ギリシャと対照的なのがフランスです。同国では100ユーロ以上の買い物の決済は7割がクレジットカードで行われ、現金決済は全体の3%に過ぎないという調査結果が出ています。

キャッシュレス決済の現在と未来

現金にこだわる日本人

日本も現金志向が非常に強い国です。これほど現金志向が強い国は、金融システムが発達した先進国では珍しいのではないでしょうか。

現金以外の決済手段を使う人は増えていますが、相変わらず現金を使う人が多く、紙幣の発行量は一向に減りそうにありません。

この背景には、3つの理由があると思われます。

1つは、2013年から始まった日本銀行による大規模な金融緩和政策に伴い、低金利が維持されてきたこと。これにより預金をする人が減っているのです。

特に、2016年1月に日本銀行がマイナス金利政策を発表してからは、この傾向が強まりました。元々ゼロに近かった預金金利がさらにゼロに近づくことになり、し

■日米の現金発行総額の対ＧＤＰ比（%）

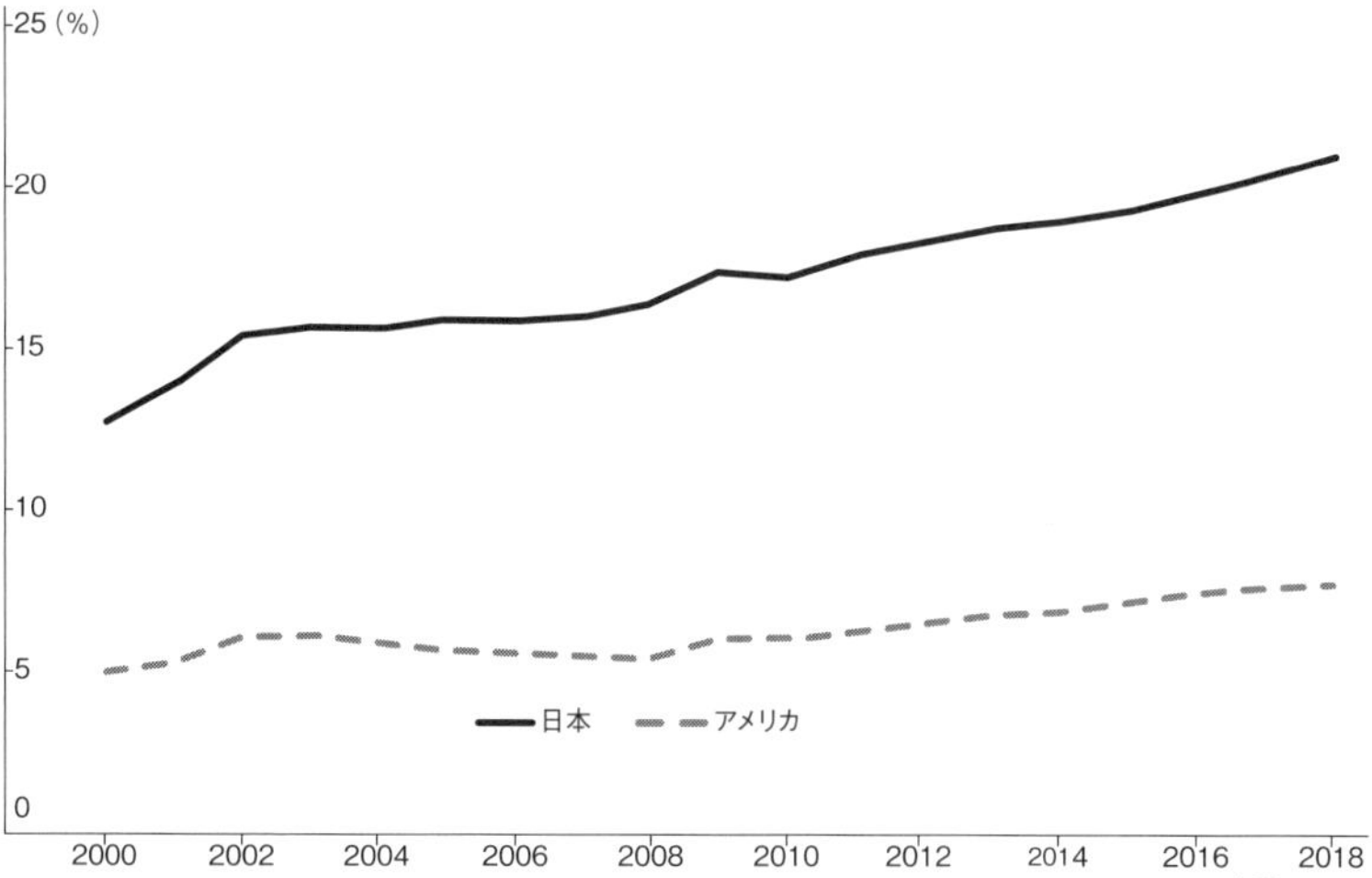

出所：CEIC

ばらくは預金から現金へ転換する動きが見られました。

いずれ金融政策の正常化が進み、銀行も預金金利を大きく引き上げていく状況にでもなれば、現金から預金へと時間をかけて戻っていく動きが出てくるかもしれません。ただし、日本は元々、ＧＤＰに対して現金発行額が大きい国なので、本格的なキャッシュレス化へとすぐに動き始めるとは考えにくく、まだまだ時間がかかるでしょう（上図）。

もう１つの理由は、税金逃れです。税務署による個人の資産状況の捕捉が厳しくなってきているため、現金を銀行に預けるのを避け、自宅の金庫に保管するか、貸金庫に保管する人が増加しているという話をよく耳にします。

少しでも税金を節約したい人たちにとって、自分の「財布」の中身を明かすのは好ましいことではありませんから、現金の特徴である「匿名性」が何よりも魅力的なのです。

3つ目の理由には、高齢化が挙げられます。シニア層の多くにとって、使い慣れた現金を手放すのは簡単なことではありません。今や日本全国どこに行ってもATMがあり、現金はいつでも引き出せます。日常生活をしている限り、現金以外の「マネー(通貨)」を使う必要性を感じないのです。

また、日本が安全な国であることも、現金志向が低下しない一因と言えそうです。

キャッシュレス化を推し進めたい日本政府

2019年10月、いよいよ消費税が10%に引き上げられます。政府は、3度目の先送りはしない方針なので、引き上げ実施はほぼ確実です。

これに合わせて政府は、中小の小売店などでクレジットカードやその他のキャッシュレス手段で買い物をした場合、時限的に5%程度をポイントで還元することを決めました。当初は引き上げ分の2%としましたが、思い切って5%にしたのです。

この背景には、第1の狙いとして、消費の喚起と小売店への配慮があります。

２０１４年4月、消費税を５％から８％に引き上げる直前、いわゆる駆け込み需要が発生しました。それを景気の良さと捉えてしまった政府と日本銀行は、消費税率引き上げはそれほど大きな打撃にはならないとの楽観的な姿勢を示しました。ところが引き上げ実施後、消費が予想以上に落ち込んでしまったのです。

これに関しては、日本銀行の金融緩和政策が少なからず影響を与えています。

当時を振り返ると、すでに原油の国際価格が高騰していた上に、異次元緩和による円安とそれによる輸入物価の上昇などを主因として、２０１３年半ばから物価は緩やかな下落から上昇へと転じていました。そのタイミングで消費税率が引き上げられたため、消費者物価上昇率は一気に３％を上回り、「価格ショック」となって家計の消費を減退させてしまったのです。

これに慌てた政府は、２０１５年10月に予定していた消費税率10％への引き上げを２０１７年4月に延期することを、２０１４年10月の時点で早々に決めています。その後、新興国を中心に世界経済が落ち込むとの懸念から、引き上げ時期を再度遅らせ、２０１９年10月としたのです。

政府は、２０１４年4月に生じたような消費の落ち込みを回避するべく、飲食料品などの軽減税率の導入のほか、幼児教育・保育の無償化や、住宅ローン減税の拡充、低年金者への給付金の支給など、広範囲にわたる対策を打ち出しています。

政府がクレジットカードなどによる買い物に対して5％のポイント還元を打ち出した裏には、キャッシュレス決済の促進によってお金を世の中にもっと循環させ、経済の活性化と効率化を図りたいという第2の狙いもあります。

政府は、中小の小売店などが決済用端末を設置する費用の3分の2を負担するようです。また、これら事業者がクレジットカード会社に支払う加盟店手数料の3分の1を時限的に負担することにしました。

シニア層や無職の人の中には、クレジットカードを作ることができない人もいるため、不公平との声もあります。しかし、少なくとも若者の間では現金離れが進み、キャッシュレス決済の利用が増えていきそうです。

現金を持ち歩かないスウェーデン人

キャッシュレス決済について今一度整理しておくと、すでに取り上げたクレジットカードをはじめ、プリペイドカード、デビットカード、モバイル決済、パソコンを使ったネット決済、ポイントカードなどが含まれます。

これらの手段によって、現金を一切使わずに電子的にデータのやり取りだけで決済

■現金以外の様々な支払い手段

	プリペイド（前払い）	リアルタイムペイ（即時払い）		ポストペイ（後払い）
主なサービス例	電子マネー（交通系、流通系）	デビットカード（銀行系、国際ブランド系）	モバイルウォレット（ＱＲコード、ＮＦＣ等）※プリペイ、ポストペイ可能	クレジットカード（磁気カード、ICカード）
特徴	利用金額を事前にチャージ	リアルタイム取引	リアルタイム取引	後払い、与信機能
加盟店への支払いサイクル	月２回など	月２回など	即日、翌日、月２回など様々	月２回など
主な支払い方法	タッチ式（非接触）	スライド式（磁気）読み込み式（IC）	カメラ／スキャナー読込（ＱＲコード、バーコード）タッチ式（非接触）	スライド式（磁気）読み込み式（IC）
【参考】2016年の民間最終消費支出に占める比率（日本国内）	1.7%	1.7%	—	18.0%

出所：金融庁

できる状態がキャッシュレス化なのです（上図）。

キャッシュレス化がなかなか進まない日本とは対照的に、現金がほとんど姿を消し、キャッシュレス社会が実現しつつあるのがスウェーデンです（113ページの図参照）。

スウェーデンの現金発行総額は約６２０億クローナで、ＧＤＰの１％ほどしかありません。これは世界で最も低い現金比率となっています。

スウェーデンでは、「現金お断り」のステッカーを貼り出す店舗やレストランが増えています。小売店だけを見ると、現金支払いの割合は２０１０年の40％から、15％以下にまで低下しています。また、現金をＡＴＭや銀行窓口でまったく引き出さない人は、全体の2割も占めています。さらに、銀行の支店数の減少が、国民の現金離れの一因にもなっています。仮に支店があっても、半数以上の支店は預金を受け付けてくれません。

世界に先駆けて銀行券（紙幣）を発行した歴史を誇るスウェーデンが、今では世界で最も紙幣を使わない国になっているのです。

現在、スウェーデンの中央銀行では、銀行券を完全に廃止したら、どのような問題が起こり得るのかが真剣に議論されています。議論の主な内容は次のようなものです。

①大災害や戦争などの国家的な危機が発生した場合、それまでどおり銀行は電子マネーを供給し続けることはできるのか

②金融危機の発生によって銀行の連鎖破綻《はたん》が起きた場合、決済が滞ったりすることはないのか

③決済の取引履歴などの個人情報を銀行などの民間セクターが占有してもいいのか、また、その情報を自らの利益のために悪用することはないのか

④国民が安心して使える中銀マネーを現金以外の形で発行すべきではないのか

これらの論点を中心に、様々な観点からの議論が重ねられているのです。

スウェーデンにおけるキャッシュレス社会の実情

スウェーデンでキャッシュレス決済が急速に広まり始めたのは、2011年ごろからでした。この流れが加速したのは、国内の主要銀行が個人間送金サービスを提供するスマホアプリ「スウィッシュ（Swish）」を共同で開発し、2012年末から運用を始めてからです。このアプリは、休日・夜間を含めて365日24時間、いつでも個人間の送金を可能にしました。2014年6月からは、個人間だけでなく、企業に対しても支払いができるようにサービスが拡充されています。

支払い方法は実に簡単で、相手の電話番号を入力して送金指示をするだけです。しかも手数料はかかりません。

スウィッシュの利用者数は、毎年約100万人ずつ増加しており、2018年には利用者数は600万人を超えています。スウェーデンの総人口は約1000万人ですから、人口のおよそ6割がスウィッシュを使っている計算です。

スウェーデンでは、スウィッシュ導入以前からもクレジットカードやデビットカードが普及していました。このように、キャッシュレスに慣れている国民が多かったのも、スウィッシュが急速に普及した原因の1つと考えられています。

スウィッシュは、競合する銀行などが協力して開発した共通のインフラを使っているため、ネットワーク効果も生まれて利便性が高まりました。

注目すべきなのは、中央銀行や政府が主導してキャッシュレス化を進めたのではないということです。民間の金融機関が協力し合い、自発的な技術開発と電子決済網の構築がなされた結果、社会変革が起きたのです。

世界に広がるであろうスウェーデン国立銀行の憂慮

順調にキャッシュレス化へと向かっているスウェーデンですが、政府や中央銀行は現金を消滅させたいわけではないようです。

２０１８年10月、スウェーデン国立銀行（中央銀行）は、現金が完全に消滅しないよう、提言を行いました。

その内容は、スウェーデンで業務展開するすべての銀行や信用機関に、現金を提供するサービスを続ける義務があるとするものでした。

この提言がなされるに至ったのは、２０１８年6月に発表されたスウェーデン国立銀行の金融政策の枠組みなどをレビューする暫定報告書が発端になっています。この報告書は、スウェーデン議会の全政党代表から構成される委員会が作成したもので、この中に「大手6行の銀行だけが現金を提供するサービスを継続する義務がある」との記述があったのです。

しかし、現在のスウェーデンでは、銀行にそうしたサービスを義務づける法律がありません。そこで、暫定報告書は将来、議会が新しい法案を準備・作成するまでの間、少なくとも大手６行は現金提供の義務を負うべきとの見解を示したのです。

これを受けて、スウェーデン国立銀行はさらに一歩踏み込み、「決済口座を顧客に提供しているすべての銀行や信用機関は、顧客のために現金を取り扱い、預金口座を提供する義務がある。こうしたサービスは顧客が銀行から期待する当然のサービスである」と、暫定報告書に対して意見を公表しました。

さらにスウェーデン国立銀行は、議会に向けて、「現金利用が減っている現状で、これまでと同様に現金を『法定通貨』と定義していいのか立場を明確にしてほしい」と要請したのです。

中央銀行としては、通貨としてのスウェーデンクローナと法定通貨との関係を明確にするときが来たと感じているのでしょう。現状では、医療機関だけが現金払いを受け入れる義務があるとされているだけです。こうした中途半端な状況を整理するために、「企業が提供するサービスへの支払いのうち、どのようなサービスで現金払いを受け入れるべきなのか、具体的なサービス内容も明確にしていくべきだ」として、立法側に明確な線引きを求めています。

スウェーデン国立銀行は、後述するデジタル通貨「eクローナ」を発行するためのプロジェクトも立ち上げており、導入の検討に入っています。そこで将来、新たな決済手段を自分たちが発行する可能性があるので、新たな決済手段の技術的可能性を阻害しない、決済イノベーションに中立的な法律整備も求めています。

先述した全政党代表から構成される委員会は、さらに議論を進めて2019年11月までに最終報告書を提出すると約束しました。

スウェーデン国立銀行の意見は、法定通貨と銘打っておきながら「国民が使わなくなった紙幣を法定通貨と呼んでいいのか」「銀行などが紙幣をほとんど扱わなくなっている現状を放置したままでいいのか」など、「マネー（通貨）」についての本質的な問題を提示していると言えます。

スウィッシュのようなスピード決済システムは、今ではオーストラリアやイギリスなど他の国でも実現しています。

また、アメリカのクレジットカード会社であるマスターカード社は、ノルウェーのズワイプ社と提携し、世界初の指紋センサーを搭載した非接触決済カードを発行しました。これにより、買い物時に署名やパスワードを入力する必要がなくなっています。

このように、より安全で効率的な決済手段が常時開発されているのです。その発展スピードに合わせて、法整備を進めるだけでなく、私たちはお金に対する考え方を改める時期に直面しています。

現金を使わない社会が効率的であることは明らかです。しかし、日本や新興国・途上国などの多くの国がスウェーデンのように現金をほとんど使わない社会になるのは、もう少し先になるでしょう。とはいえ、やがては自国でも起こる出来事として捉え、今から注目しておくことが大切です。

新興国や途上国でキャッシュレス決済の浸透が加速する理由

キャッシュレスによる決済手段の普及は、中国やインド、さらにはバングラデシュ、ケニアなどの途上国にとって非常に大きな意味を持ちます。

新興国や途上国の多くは、都市部にある銀行にアクセスできない農村人口を抱えています。仮に彼らが銀行にアクセスできたとしても、実際に口座を開いて預金できるほどのお金を持っていなかったり、預金はできても借り入れができない人たちもたくさんいるのです。

特に問題なのは、銀行口座を持たない人が個人的に商売を始めようとする際に、なかなか起業できないということです。人々の生活に役立ちそうないいアイデアがあっても、銀行口座がないことが足枷《あしかせ》となって、最初の一歩を踏み出せないのです。インターネットやブロードバンドといった通信インフラが未整備の国や地域も多く、困難は尽きません。

幸い、近年では通信インフラの整備が急速に進み、電子商取引やキャッシュレス決済はかなりの勢いで普及しています。特に2000年代の半ばあたりからは、途上国でも電子商取引が浸透していきました。それにより、銀行口座を持たない人たちも、スマホを使ったキャッシュレス決済を活用して、ビジネスに参加できるようになったのです。

ビジネスが活性化し、人々の消費が増えたため、経済活動も活発になりました。

こうしたインパクトは、成熟した先進国よりも新興国や途上国のほうが大きく、キャッシュレス決済手段が浸透するペースは、先進国よりも格段に速くなるという現象が起きています。

新興国および途上国におけるキャッシュレス決済手段が加速している理由は、それらの国における独特な事情も絡んでいます。

モノやサービスの売買やお金の貸借に関する信用が確立されていない国では、これまで現金による代引き決済が好まれていました。なぜなら、クレジットカードや銀行振り込みによる支払いを選ぶと、代金だけを取られてしまう詐欺的なケースが多いからです。

たとえば、12億の人口を抱えるインドでは、オンラインショッピングをする50％以上の人が代引き決済を選びます。商品を受け取る前に支払いを済ませると騙《だま》されることが多いからです。

そうしたトラブルを回避する方法として、モバイルウオレットと呼ばれるサービスが人気を博しています。これは、スマートフォン（スマホ）にアプリをインストールすれば、公共料金から、交通機関、映画館、スーパーでの買い物に至るまで、簡単に支払いができるというものです。オンラインショッピングで決済する場合には、買い手が注文後にデジタルウオレットに入金し、それが確認されると、売り手は商品を発送します。

新興国や途上国でキャッシュレス決済手段が加速度的に普及しているのは、こうした事情があるのです。このシステムは、中国でも広く浸透しています。

インド政府は現在、インド版マイナンバー制度とも言える「アドハー」という生体認証付きの個人認証システムの普及を推進し、決済システムの高度化を目指している最中です。インターネットの利用者数はまだ人口の半数に達しておらず、いまだ発展途上にあります。だからこそ、それだけ新しい金融イノベーションが普及しやすく、インドはフィンテック（金融と情報技術を組み合わせた造語）分野で将来的に高いポテンシャルを有していると期待されています。

独特なキャッシュレス決済手段が発達するケニア

スマホ決済は、ケニアでも人気があります。ケニアは、2007年にM《エム》－P《ペ》esa《サ》という携帯電話を使ったキャッシュレス決済システムを途上国で最初に開発・導入した国です。ケニアの成人人口の約6割が、この決済手段を定期的に利用しています。

M－Pesaの特徴は、簡便かつスピーディに安心して決済できることです。開発の発端は、2005年にケニア最大の携帯通信会社であるサファリコム（半官半民の組織で、政府の出資割合は35％）が行った試験プロジェクトでした。これが成功し、ケニアを牽引《けんいん》するモバイル決済システムにまで発展したのです。このシステムを通じ、マイクロクレジット（個人企業や零細企業などへの金融貸出）も提供されています。

全国15万以上のサファリコムの代理店で送金したい額を入金し、手数料を支払うと、送金先にスマホのショートメールで送金額を知らせる暗証番号が送られます。一方、相手方はこの通知を受け取ったあと、代理店でショートメールと暗証番号を提示すれば現金を受け取れます。また、自分の口座にあるお金も代理店でいつでも引き出し可能です。

このシステムにより、都市部で働く出稼ぎの人たちは、地方で待つ家族に安全かつスムーズに送金ができるようになりました。低所得者にとって、生活水準を向上させる転機となったのです。このシステムは現在、他の途上国でも採用されています。

すでに中国では日常生活に不可欠のキャッシュレス決済

スマホ決済の話を続けましょう。ここでは、スマホによるキャッシュレス決済や電子商取引など、フィンテックの世界ではフロントランナーとなっている中国の状況を紹介します。

中国では、多くの人が決済アプリをダウンロードし、ウオレットのアカウントを自らの銀行口座やクレジットカードなどに紐《ひも》づけてキャッシュレス決済を行っています。

スマホ決済が人気を呼んでいるのは、インドと同様、電子商取引で決済の安全性が高いからです。たとえば、ある個人から商品を購入する際に、後述するアリペイなどの第3者決済機関（プラットフォーム）が、購入者が商品を受け取るまで支払い額を預かるので、安心して買い物ができます。また、お店の方も商品代金を第3者機関が一時的に保管しているので、安心して商品を郵送できます。

ウオレットの利用者は、銀行口座やクレジットカードから付け替えたお金を使って買い物ができますし、銀行口座を経由せずに他の利用者のウオレットに直接入金することも可能です。逆に、ウオレットから銀行口座に資金を引き揚げることもできます。

さらには、QRコードによる決済もできます。

QRコードによる支払いを受け付けている小売店舗は、顧客のQRコードを読み取り、代金の引き落としを行います。もしくは自らのQRコードを提示し、これを顧客に読み取ってもらい、代金を引き落とすのです。現在、中国のコンビニや店舗のレジの脇には、QRコードのステッカーが貼られているのが当たり前の光景になっています。なお最近では、中国の小売店で現金払いを断るところもあるようです。

QRコードを用いる方法では、店舗側はクレジットカードやICカードの読み取り端末を設置せずに決済ができるので、設備費用があまりかかりません。また、簡単な決済方法を提供することで、顧客基盤を固める効果も期待できます。

ただし、残念ながら、顧客のQRコードを盗み取ったり、店舗のQRコードの上にこっそりと偽のQRコードを貼り付け、別のウオレットに入金させるという詐欺行為が一部では横行しています。

こうしたトラブルも発生してはいますが、QRコード決済を行っている店舗や企業は、確実に顧客基盤を拡大中です。中国では、スマホ1つでQRコードによる決済や送金、銀行口座を使った送金、タクシー・飛行機・電車の予約、ホテル・映画館座席の予約、自転車のレンタルから税金・公共料金の支払い、病院の予約など、幅広いサービスを受けることができます。また、アリババグループの関連企業のアントフィナンシャルが開発した「芝麻信用《ジーマ》」は、決済データから個人の信用力を評価するシステムを運営しており、この評価が高いと融資を受ける際の金利や与信枠が優遇されるのです。

ＱＲコードのようなプラットフォームを通じて多様なサービスを提供し、同時に大量のデータを収集・集積できるのがキャッシュレス決済のメリットと言えます。データを入手したあとは、自社が提供する別のサービスに誘導し、包括的かつ効果的に顧客を取り込めるようにもなるのです。

超巨大市場で普及する電子ウオレット

13億８０００万人の人口を抱える中国には、７億人ほどのインターネット利用者がいます。インドが３・９億人、ＥＵが４・１億人、アメリカが２・５億人ですから、そのスケールは巨大です。

中国は今や、世界最大の巨大ネット市場を擁する国に成長しています。中国にデジタル化の波が押し寄せたとき、政府は規制をする姿勢を取りながら、一方で、ネット企業の参入を認め、この動きを積極的にサポートしました。そのため、驚くほどのスピードで中国はネット社会へと発展していったのです。

金融のデジタル化は、中国の経済構造を大きく変貌させました。都市部を中心に経済の効率性を高め、消費を喚起して質の高い経済成長を実現するための道筋をつけたと言っても過言ではありません。

こうした新たな成長路線の中で登場したのが、アリババグループのアリペイや、テンセントのウィチャットペイといった、スマホを活用した決済手段です。

アリババはネットショッピングモールの「淘宝網《タオバオ》」を運営する電子商取引とその決済サービスで成功した会社です。一方のテンセントはメッセージアプリ・ウィチャット（日本のLINEのようなSNS）の開発を行い、のちに「紅包《ホンバオ》」という送金機能サービスを投入して人気を集め、2014年からは決済サービスであるウィチャットペイを開始しました。もともとウィチャットのユーザーが9億人もいることから急成長し、アリペイと肩を並べるまで成長しています。

外国での普及を狙うアリペイとウィチャットペイ

アリペイもウィチャットペイも、銀行口座からチャージするという方式を採っています。中国では、店舗が支払う手数料が高いこともあって、クレジットカードによる決済はあまり進んでいません。この2つの安価な決済手段が店舗でも好まれ、人々の間で広く活用され始めた結果、一気にキャッシュレス手段が浸透しました。

アリペイに限って言えば、すでに5億人以上の国内ユーザーがおり、このうち毎日頻繁に利用するユーザーは1億人もいるそうです。

アントフィナンシャルはアリペイや芝麻信用のほか、オンライン資産管理サービス、中小企業向け融資、保険の提供など、幅広い金融サービスを手がけています。

テンセントのウィチャットペイも毎日よく使うユーザーは9億人もいますが、決済金額は電子商取引が中心のアリペイのほうが大きいようです。中国では多くの人が両方のアプリをダウンロードし、状況によって上手に使い分けています。

アリペイもウィチャットペイも、中国人が日本など多くの国を訪れるときに使えるようになっているだけでなく、今では多数の国で私たち日本人もアプリをダウンロードしてクレジットカードを使えば決済できるようになっています。

中国のスマホ決済事業者の特色は、それぞれのサービスを運営する母体企業が金融系ではなく、電子商取引やSNS、ゲームといったサービスを提供している会社であるという点です。こうしたサービスの提供を通じて巨大化させた顧客ネットワークを利用し、従来は大企業や富裕層などにしか手が届かなかった金融サービスを小企業や低所得者層にも広げる役割を果たしています。

私たち日本人が覚悟すべきこと

ここまで、新興国や途上国、そして中国などで急速にキャッシュレス決済が進んでいる実態を紹介してきました。

多くの読者の皆様は、新興国や途上国、さらには中国で、これほどまでに急速な勢いでキャッシュレス決済が浸透していることに驚いたのではないでしょうか。

これらの国々では、キャッシュレス決済の浸透などを契機として、様々な技術革新や新たなビジネスが、続々と誕生している点も見逃せません。

特に中国に関して言うと、日本人の中には2000年代初めのころの発展途上にあった中国のイメージを今も抱いている方もいるようです。しかし、1978年12月に改革開放政策を打ち出してからの40年間に、中国の経済規模は人民元建てで200倍以上に拡大し、アメリカに次ぐ世界第2位の大国となりました。特に、ここ数年の間に、中国は計り知れないほど大きな進歩を遂げています。キャッシュレス決済の幅広い浸透とそこから派生した技術革新、ブロックチェーンやビッグデータを活用したビジネス、人工知能（AI）を駆使した技術など、新たな分野が続々と創出されているのです。

2018年に私は中国のフィンテック関連の国際会議に数回出席し、アリババグループやテンセントをはじめとするたくさんの企業の方々とお話ししましたが、彼らのイノベーションへの意気込みに圧倒されました。また、中国人民銀行（中央銀行）の幹部は、「中国はフィンテックで世界のリーダーになった」と豪語していました。

このように驚異的なスピードで経済開発とイノベーションを推進する中国に対して、安全保障上の見地からアメリカは懸念を深めています。２０１８年には知的財産権侵害に対処するという名目で、中国からの輸入２５００億ドル分に追加関税を適用しました。さらにアメリカ政府は、中国企業による戦略的分野でのアメリカ企業の買収にも厳しい目を向けています。２０１８年に国防権限法を成立させ、ファーウェイなど中国通信機器大手企業からアメリカ政府機関が製品調達するのを禁じています。

一方、中国はアメリカの一国主義・保護主義に対する批判を展開しています。世界は米中二大大国が覇権争いをする時代に突入したようです。

私たち日本人はこうした現実を認識した上で、また、こうした機を捉えて、フィンテック、ＡＩ、ロボットなどの領域で、品質が高く、信頼できるモノやサービスを提供し続け、世界から取り残されないようにしっかりと覚悟を新たにする必要があると思います。

仮想通貨が変える金融の世界

仮想通貨が法定通貨の暴落を招くのか？

これから先は、再び仮想通貨に焦点を移し、その革新的な技術が今後の私たちの暮らしにどのような影響を与えていくのかについて見ていきましょう。

仮想通貨が将来にわたって存在感を増していくと、いずれ法定通貨の暴落を引き起こすのではないか……。２０１７年末、仮想通貨の値段が急騰したのを受けて、こんな懸念を頻繁に耳にするようになりました。

仮想通貨の取引規模がどんどん大きくなっていき、中央銀行の管理が及ばない「通貨（マネー）」の範囲が拡大していくと、やがて有事の際などに、中央銀行が自国通貨を防衛することができず、その結果、自国通貨の暴落を招くのではないかというのです。

たとえば、ある国で独裁政権が誕生したり、国民に威圧的な政権が台頭したり、財政や経済に大きな懸念が生じたりしたとします。その際、国民が自国通貨を一斉に仮想通貨に換え、資金が国外に流出するような動きが起きるかもしれません。

このとき、仮に自国通貨の引き受けに応えられる十分な仮想通貨の供給があれば、中央銀行はこれを制御することができなくなります。その結果、通貨暴落に歯止めがかからなくなるのでは、と一部では懸念されているのです。

このシナリオどおりのことが起これば、中央銀行にとって仮想通貨は大きな脅威ですが、実際にはどうなのでしょうか？　日本のケースを考えてみましょう。

これを考察するにはまず、日銀マネーの発行総額と仮想通貨の時価総額を確認する必要があります。

現在、日本銀行券発行総額は約１００兆円、（日銀）当座預金総額は約４００兆円です。つまり日銀マネーは、５００兆円ほどになります。

これに対し、２０００以上ある仮想通貨の時価総額は、世界全体でもわずか14兆円しかありません。仮想通貨で最大の市場を持つビットコインの時価総額は約７兆円です。となると、仮想通貨の時価総額は日本の紙幣の14％、日銀マネーの３％に過ぎません。

民間マネーの代表である銀行預金については、日銀マネーの規模をはるかに上回り、

1000兆円を超えています。これは、日本のGDPの200%程度に相当する規模です。

こうしたなか、仮に日本国民が一斉に円を仮想通貨に換えようとしたところで、供給量が十分ではないので、それは不可能です。つまり、通貨暴落は起きないでしょう。

仮想通貨の時価総額が小さい理由には、まだモノやサービスの取引にあまり使われていないということだけでなく、仮想通貨を扱う企業に信用創造の権限が与えられていないことが挙げられます。

信用創造は、預金と信用取引の両方が認められている銀行に与えられている特権なので、銀行業の免許が与えられていない仮想通貨の開発業者は、「マネー（通貨）」を大きく増やすことができないのです。たとえ、貸し出しができる仕組みを作ったとしても、預金を元手にした信用貸出が創造できなければ、経済・社会に対して大きな影響力を発揮することはないでしょう。ただし開発業者の中には、この行き詰まりを打破するために、既存の銀行などと手を組むところが出てくる可能性はあります。

しかし、経済規模の小さい国に限って言えば、仮想通貨の発行が増え続け、その時価総額が自国の中銀マネーの総額を上回った場合には、もしかしたら通貨暴落が実際に起きるかもしれません。しかしながら、現時点ではいたずらに仮想通貨が法定通貨を暴落させるような事態を想定するよりも、仮想通貨の持つ可能性に注目し、その活用の道を探るべきではないでしょうか。

中央銀行による分散型台帳技術（ＤＬＴ）の活用

仮想通貨の広がりを意識し始めた各国の中央銀行は今、仮想通貨の持つ革新的な技術に注目しながら、既存のシステム改善や、新しいタイプの「マネー（通貨）」発行など、様々な可能性を探り始めています。

その１つとして、仮想通貨の持つ分散型台帳技術（ＤＬＴ）に着目し、自らの既存のシステムに応用しようとする動きがあります。

現在、各国の中央銀行は、莫大なシステム開発費用をかけて（中銀）当座預金のシステムを構築し、銀行間の取引に支障が出ないように常にメンテナンスしています。しかも、中銀のシステムはサイバー攻撃の標的にされたりするので、セキュリティにも気を遣わなくてはなりません。

２０１８年５月、メキシコの中銀決済システムのユーザーである金融機関５行がサイバー攻撃に遭い、合計３億ペソ（日本円で17億円相当）の資金が流出したと報告されています。金融システム全体に影響するほどの大事には至りませんでしたが、中央銀行は常にこうした攻撃に神経を尖《とが》らせながら監視を強めているのです。

日本では、東京が他国からの攻撃を受けたり、大災害に見舞われた場合、日銀当座預金を基にした銀行間決済システムがダウンしてしまう可能性があるため、膨大なコストを払って大阪にバックアップオフィスを設置し、何かあればすぐに切り替えができる体制を整えています。ただし、両方が同時にダメージを受ければすべての機能が止まるので、金融システムは想像を絶する大混乱に陥ることでしょう。

ところが、仮に中銀がＤＬＴを導入した場合、１つのコンピュータ端末（ノード）がダウンしても、他の不特定多数のノードが存在するので、システムはそのまま機能し続けます。課題が多いのも事実ですが、仮にこの技術を日本銀行が導入すれば、システムダウンのリスクを大幅に軽減できるのと同時に、システムの構築とメンテナンスのために莫大な費用をかける必要もなくなります。

こうした理由から、日本銀行はもちろんのこと、各国の中央銀行がＤＬＴに関心を注いでいるのです。

中銀発行のデジタル通貨が誕生する日

中央銀行の中にはＤＬＴの導入だけでなく、デジタル通貨の発行を検討しているところもあります。

中央銀行発行のデジタル通貨とは、日本銀行によれば、次の３つを満たすものであることとしています。

（１）デジタル化されていること
（２）円など法定通貨建てであること
（３）中央銀行の債務として発行されること

デジタル通貨には、個人や企業向けの一般向け（リテール）と、金融機関などの大口向け（ホールセール）の２種類が存在します。
中央銀行は次の３つの理由から、デジタル通貨の発行を検討するに至りました。

１つ目は、他の金融緩和手段としてマイナス金利を適用しやすくするため
２つ目は、現金の取り扱いに伴う費用を節約するため
３つ目が、公平性を確立するため

そして、大口向けについては、銀行間貸借、証券・デリバティブ取引の決済、国際送金などの効率性を高めるためです。

1つ目の理由を説明しますと、中央銀行がマイナス金利政策を導入すると、人々は銀行口座に預金することにメリットを感じなくなり、預金を引き出して現金化しようとするものです。現金を好む日本では、こうした動きが特に起きやすいと言えます。

そもそも、こうした現象が起きるのは現金が存在するからです。仮に現金をなくしてしまえば、引き出すのは物理的に不可能となり、中央銀行は金融機関だけでなく一般に対してもまんべんなくマイナス金利を課すことができます。これによりマイナス金利適用による金融緩和の効果を高められるのです。

2つ目の理由については、現金は、発行には紙代やデザインにかかる直接的費用だけでなく、ATMの運営費用や現金取り扱いに必要な人件費などに加え、銀行強盗や窃盗などの犯罪にも使われやすく、セキュリティのための費用がばかになりません。みずほファイナンシャルグループの試算によれば、現金取り扱いにかかる費用は8兆円にものぼるとのことです。

こうした費用や弊害を断ち切るために、デジタル通貨を導入し、犯罪防止に役立てたいという思惑があります。本章の前半で触れた高額紙幣廃止策のさらに先を行く考え方とも言えます。

3つ目の公平性については、スウェーデンの中央銀行がとりわけ重視しています。「マネー（通貨）」には、一般の人が使用する「現金」および「銀行預金」と、金融機関が使用する「（中銀）当座預金」があることはすでに述べました。

これらの3つの中で、一般向けの「銀行預金」と金融機関向けの「当座預金」を見ると、この2つには大きな違いがあります。

まず、一般人向けの「銀行預金」の場合、発行する民間銀行は、自行の預金者のお金のやり取りをすべて把握しています。そうした情報を利用して、自分たちの金融商品や金融サービスに関するセールスに活《い》かしているのです。取引情報を把握しているため、銀行は一般人に対して常に優位に立てます。しかしこの状況は、どう見ても公平ではありません。

また、民間なので倒産することもあり、預金者は預けたお金を失うリスクも負っています。日本には預金保護制度があり、銀行が潰れても元本など1000万円までは保証されますが、それ以上の額については保証してくれません。

一方、金融機関は中央銀行に当座預金口座を持つことができ、こちらは国家が転覆したり、中央銀行がなくなったりしない限り、全額について安全性が保証されます。

このように両者を比較すると、同じ「マネー（通貨）」であっても、「（中銀）当座預金」に比べて「（民間）銀行預金」には脆弱性があり、必ずしも安全な「マネー（通貨）」ではないのです。この部分についても公平性が保たれているとは言えません。

また、民間の銀行預金口座を持てない高齢者や、個人的な事情から口座を開けない人々も少数ながら存在します。このような人たちは現金で支払いをするしか術《すべ》がありません。

こうした背景が重なって、紙幣に代わる安全なデジタル通貨を一般人向けに発行したらどうかというアイデアが浮上したのです。

中央銀行が構想する4つのデジタル通貨案

現段階で考えられているデジタル通貨は、次の4つの案に分類できます（左図）。

まず第1案は、中央銀行が金融機関だけに許している当座預金口座の開設を一般向けにも認め、個人のデビットカードやスマホアプリをこの口座にリンクさせてデジタル決済する方式です。

第2案は、第1案の方式に加え、中央銀行がプリペイド型（入金型）のカードの販売やスマホのアプリを通じて、一般向けにデジタル通貨を供給する方式です。これは「バリュー（価値）形式」と呼ばれています。

店舗やオンラインでの購入や入金ができ、24時間365日いつでも使えるようにします。自分が保有するデジタル通貨をギフト券のように第三者に贈与することも可能です。なお、第1案と第2案はDLTを前提としていません。

■中央銀行発行のデジタル通貨案

	特徴			
	匿名性	24時間365日利用可能	一般利用可能	マイナス金利可能
現金	○	○	○	×
中銀当座預金	×	×	×	○
中銀発行のデジタル通貨案				
①一般向け預金（スウェーデン）	×	○	○	○
②一般向けプリペイドカードなど（スウェーデン）	△	○	○	△
③一般向けの仮想通貨（ウルグアイなど）	○	○	○	○
④大口向け仮想通貨（カナダ、シンガポールなど）	○	○	×	○

第3案は、中央銀行がＤＬＴを用いて、一般向けに仮想通貨を発行する方式となります。

第4案は、中央銀行がＤＬＴを導入した上で、金融機関向けに仮想通貨を発行する方式です。

これらはいずれも検討段階にありますが、現時点で問題点が指摘されています。ここでは、第1案に対する問題点を紹介してみましょう。

まず1つ目は、この方式が導入されると、中央銀行が処理しなくてはならない取引数が膨大になるため、システムに負荷がかかり過ぎるということです。

人口1000万人弱のスウェーデンであれば、さほど問題なく処理できるかもしれません。

しかし、日本のように1億人以上の人口を抱える国だと、取引は膨大な数になります。それを滞りなく処理するには、新たなインフラの整備が必要であり、多額のコストが生じてしまうでしょう。これにどう対応するかが今後の課題です。

2つ目の問題点としては、一般向けに当座預金口座を発行すると、民間の銀行預金から安全な中央銀行の口座へと資金が移り、民間の金融機関の経営状態にダメージを与える恐れがあることです。

仮に中央銀行が一般向けに当座預金の開設を認めたとしても、民間銀行は中央銀行よりも高い金利を支払うことが見込まれるため、金融危機などでも発生しない限り、個人や企業は金利面でメリットの大きい民間銀行に預金するでしょう。

しかし、もしも金融危機が発生するようなことがあれば、預金者の不安心理を刺激し、個人や企業は一斉に中央銀行の当座預金に資金を移し始めるかもしれません。中央銀行であれば、当座預金および預金を全額保護してくれるからです。

しかしこうなると、民間からの預金流出が止まらなくなり、金融システムはさらに不安定になるでしょう。この問題は第3案にも言えます。

このほかにも、サイバー攻撃やテロ防止などに対する技術的な問題もあります。

一般向けにデジタル通貨の発行を目指すスウェーデン

こうした懸念に対し、第1案を軸に第2案を補完的に加えたデジタル通貨の発行を目指すスウェーデン国立銀行は、次のような見解を発表しています。

①確かに民間銀行の預金総額は減るかもしれない。結果として、貸し出しに必要な資金を預金からだけでなく、他の金融機関などのホールセール市場に頼ることになるかもしれない

②金融危機が起きた際に、経営基盤が脆弱な銀行から預金が流出し、中央銀行の預金口座へ資金が集中する可能性はある

同行は、このように懸念の存在をはっきりと認め、「金融システム全体の安定を損なうような事態になった場合には、中央銀行として有事に対応するいくつかの手段を備えている」との言葉を付け加えています。

スウェーデンでデジタル通貨導入のための本格的な議論が始まったのは、2017年3月のことでした。このデジタル通貨の名称は「eクローナ」と言います。

eクローナは、中央銀行が中央管理者となる銀行間決済システムを採用し、既存の

■中央銀行発行のデジタル通貨案

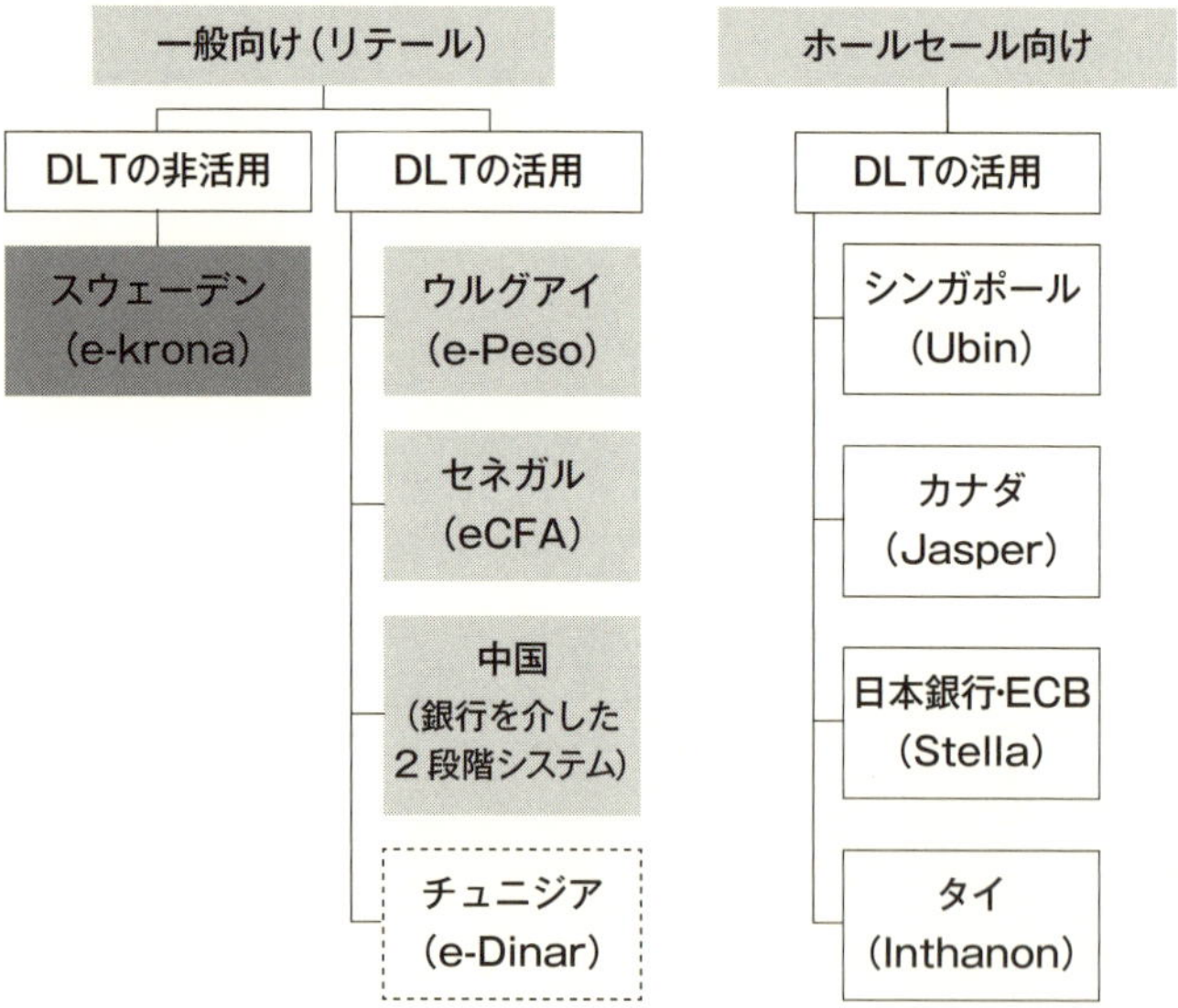

銀行の預金口座ともリンクさせます。これを実現するためには、金融機関などとの共同システム開発が必要になってくるでしょう。また、スウェーデン国立銀行は、取引情報は中央銀行によって把握されるので、第1案も第2案も匿名性はないと強調しています。マネーロンダリングなど麻薬や脱税など違法資金に使われないように配慮するためです。

この先、パイロットプロジェクトが立ち上げられ、発行後の状況をじっくりと検証した上で、実際に導入するかどうかの最終判断が下されることになります。

中央銀行が発行する仮想通貨案

第３案はＤＬＴを活用したデジタル通貨を、中央銀行が一般向けに発行するというものです。匿名性は維持されますし、３６５日24時間、どこでも使えるようにします。

これに関しては、南米ではウルグアイ中央銀行が２０１７年９月に、パイロットプロジェクトを開始し、１万人のユーザーに向けてデジタル通貨（e-Peso）を限定的に試験的に発行しています。ガソリンスタンドなどの店舗や、企業、銀行も参加しています。ウルグアイがデジタル通貨の発行に踏み切ったのは、紙幣の管理費用が高すぎることに加え、マネーロンダリングを抑制するためでした。

このプロジェクトでは、携帯電話のモバイルウオレットを使って、インターネットを利用することなく、Ｐ２Ｐネットワークの仕組みによって、ユーザー同士で迅速に取引ができます。取引は中銀から見て匿名性が維持されますが、取引履歴が残り、改《かい》竄《ざん》の可能性は低いようです。仮にユーザーが携帯電話やデジタルウオレットのパスワードをなくしても、安全性は維持されます。この実験は２０１８年４月に終了し、すでに仮想通貨は法定通貨のペソに戻されて廃棄されています。現在、ウルグアイ中央銀行はこの実験の成果について査定中ですが、費用の削減、犯罪・脱税の防止、消費者保護などの点で、前向きの感触を得たようです。すぐに実践に移すかどうかはともかく、中銀は新しい技術に前向きであるべきで、民間企業やスタートアップ企業との連携をさらに密にして、金融イノベーションを促進すべきとの考えであるようです。

さらに、西アフリカのセネガルが中心になって、仮想通貨の発行を計画しています。同国はニジェールやマリといった西アフリカ諸国とともに共通通貨圏を形成しており、同地域の中央銀行であるアフリカ諸国中央銀行がCFA《シーファー》フランを発行しています。セネガルでは、法定通貨である紙幣とともにブロックチェーンを使った仮想通貨(eCFA)を、同銀行が発行する考えを2016年に発表しており、うまくいけば同地域の他の加盟国にも広がっていくと見込まれます。

また、中央銀行ではないですが、チュニジアでは2015年に同国の郵便会社が中心となって、ブロックチェーンを使った仮想通貨(e-Dinar)を発行しており、市民はモノやサービスの決済や送金に使うことができます。2016年から多くの仮想通貨交換所で取引が可能となっています。発行にはマイニングの手数料など一定のルールがありますが、世界中のすべての人が利用できるだけの発行が可能で、既存のドルやユーロといった法定通貨に取って代わることが、技術上は可能となると謳《うた》われています。

また、同じく第3案に関して、バルト三国の一国であるリトアニアが2019年初めにごく限定的な発行を目指しています。この案で考えられているデジタル通貨は、ビットコインのような仮想通貨に近いものです。したがって、個人間の取引に利用できるのはもちろんのこと、中央銀行を介して法定通貨ユーロへの交換もできます。ただし、リトアニアはユーロ加盟国なので、中央銀行であっても独自に法定通貨を発行することはできません。そのため、リトアニアはこの仮想通貨は法定通貨としては扱わないと強調しています。同国ではすでに電子政府化がかなり進んでおり、金融分野でもイノベーションによって世界最先端を行く戦略を打ち出しているところです。

なお、同じバルト三国の１つ、エストニアも仮想通貨の発行を検討したようですが、欧州中央銀行（ＥＣＢ）のドラキ総裁の批判もあり、断念しています。２０１８年に私は同国中央銀行の幹部と話す機会がありましたが、リトアニアのほうが仮想通貨の発行に積極的に取り組んでいると言っていました。

中国人民銀行（中央銀行）も２０１７年にデジタル通貨研究所を立ち上げ、ブロックチェーンを使ったデジタル通貨の発行の研究を重ねています。現在検討している案では、中央銀行が市民に対して直接発行するのではなく、（紙幣と同じく）民間銀行を介した発行を検討しているようです。民間銀行から中央銀行へ預金が流出することや、銀行の負担が大きくなるのを回避するためと考えられます。また、金利を適用する場合、民間銀行のリテール預金金利よりも低くするようです。最終的には、人民元の国際化を促進するためではないかといった専門家の見方もあります。

情報共有を嫌う金融機関がＤＬＴ導入に難色を示す可能性

第４案についても触れておきましょう。

中央銀行がＤＬＴを取り入れ、民間金融機関に仮想通貨を供給すれば、送金などのサービスは常に利用可能になります。さらに、決済プロセスは大幅に短縮し、システムダウンによる資金決済の停止やデータ改竄のリスクも避けられます。

ただし、ＤＬＴのメリットを活かそうとすれば、取引の検証作業のために、競合する金融機関同士で取引情報を共有しなくてはなりません。しかし、これを嫌う金融機関は多いでしょう。これに関する対策案についてはのちほど紹介します。

さらに、取引情報の秘匿を重要視する金融機関が出てくれば、ビットコインのように不特定多数のマイナーの参加は敬遠されるでしょう。

ＤＬＴが導入されれば、現時点で中央銀行に預金口座を持っていない金融機関（たとえば、年金基金や生命保険会社）も、中央銀行の決済システムに参加できる道が開かれます。

より多くの金融機関がコンピュータ端末でつながれば、金融資本市場で資金が効率的かつ低費用で動くようになり、経済が活性化していくと見られています。

最大の課題は、ハッキングなどに対するセキュリティ対策です。運用開始後に問題が起きれば、中央銀行の信頼が揺らぎかねません。この点については、万全の態勢を整えて臨まなくてはなりません。

第4案の実験で世界に先行するカナダとシンガポール

カナダは他国に先んじて、第4案をベースにした「プロジェクト・ジャスパー」を2016年から実験しています。このプロジェクトには、カナダ中央銀行、R3コンソーシアム、民間銀行や決済機関などが参加し、銀行間決済システムや証券取引決済システムの応用が検討されました。

R3コンソーシアムとは、ブロックチェーンシステムを利用して、既存の金融機関のための費用削減システムを作り出そうという団体です。世界各国の企業が参加し、日本の3大メガバンク（三菱UFJ銀行、みずほ銀行、三井住友銀行）も名を連ねています。この団体は、「Corda」というブロックチェーンのオープンソースソフトを作成し、銀行業務のすべてにおいて費用削減を実現させ、送金手数料を安くしたり、送金時間を短縮したりすることを目指しています。

プロジェクトを支える仕組みは、カナダ中央銀行がイーサリアムを利用した仮想通貨（デジタルトークン）を発行し、法定通貨のカナダドルと交換するというものです。

取引は民間銀行が指示を出し、グループの残りの参加者が検証作業を行い、新たな台帳（ブロック）が前の台帳に追加されていきます。カナダ中央銀行発行のデジタルトークンは、発行した日の終わりに償還されるというルールを設定しています。

同じく２０１６年、シンガポール中央銀行も「プロジェクト・ウービン」と銘打った実証実験に着手しました。

シンガポールのケースでは、Ｒ３コンソーシアム、ハイテク企業、金融機関数社が共同し、銀行間決済システムであるＲＴＧＳシステムについて、イーサリアムをベースにしたＤＬＴが応用可能かどうかを検討しました。このプロジェクトは２０１７年３月に終了しましたが、その後、証券取引決済システムと国際的なクロスボーダー決済についても実験を試みています。

シンガポール中央銀行が行った実験は、中央銀行が発行したトークンを、参加した金融機関が24時間３６５日いつでも受け取ったり償還したりできると証明した点で、一歩踏み込んだものだったと言えます。

また、シンガポール中央銀行は、貿易金融へのＤＬＴの適用も検討しており、既に先行・実現させている香港金融管理局（香港の中央銀行）との接続を計画しています。両中央銀行は現在、ＤＬＴを資金・証券の同時決済に応用するべく実験も進めている最中です。

カナダやシンガポールの両中央銀行は、これらの実験を経て、ＤＬＴの応用についていくつかの重要な結論を得ています。

プラス面としては、試験的に運用した結果、決済システムの効率性が高まったという事実です。また、取引の検証プロセスが速くなったことも確認されています。中央銀行の関与がない状態で、メンバーである金融機関同士による取引の承認・検証もできたようです。

しかし、マイナス面も明らかになりました。台帳（ブロック）の検証作業の参加者がごく少数のノードに限られると、サイバー攻撃に対して脆弱になりやすいのです。なお、タイの中央銀行も２０１８年にプロジェクトを立ち上げており、ＤＬＴ導入の可能性を探っています。イギリスでは、現時点ではデジタル通貨の発行は予定していませんが、かなり包括的な研究を進めています。

各国の中央銀行が、国内外のフィンテック企業や金融機関、関連当局との共同実験や実証を重ねていけば、新しい技術に対する理解が深まっていき、その理解が、現行のシステムの問題点の洗い出しや改善に活かされるケースも出てくるでしょう。

日本銀行もＤＬＴの証券決済システムなどへの応用に関心を持っており、ＥＣＢと共同プロジェクト（プロジェクト・ステラ）を行っています。こうした動きによって、新たな技術の動向を把握するのは大切なことです。しかし、それだけでは十分ではありません。金融庁や民間企業との連携を視野に入れ、民間を巻き込んで実際に共同実験や実証を積極的に行い、日本の金融資本市場の発展や利便性、効率性につながる可能性をより前向きに検討してもよいかと思います。

6 仮想通貨の光と影

一般向けデジタル通貨発行に熱心ではない先進国の中央銀行

これまでに紹介したいくつかの先進国の中央銀行は、自らのデジタル通貨の発行の技術的可能性には前向きですが、第１・２案を検討するスウェーデンを除けば、一般向けに対する発行の必要性を強く実感していません。

その理由は、それらの国では現金発行総額が増え続けており、スウェーデンのようなキャッシュレス社会ではないからです。また、デジタル通貨の発行により、既存の民間銀行から資金が中央銀行に移転してしまうことで、銀行システムに負担をかけるのを避けたいという思惑もあるようです。

したがって、こうした中央銀行の多くは、第３案ではなく第４案に注目しています。DLTを導入することで金融機関同士の取引が迅速かつ大量に処理でき、同時に費用が抑えられるのですから当然かもしれません。

国際決済銀行（ＢＩＳ）も、第３案よりも第４案のほうが、ＤＬＴの利点を活用できるのではないかと指摘しています。

このような指摘の背景には、各国の中央銀行がこれまで運用してきた銀行間の資金決済システムの老朽化問題があります。たとえば、すでにあまり使わなくなったコンピュータ言語を使っていたり、データベースのデザインが古く、新たな時代の要求に応えられなくなっているのです。さらに現在のシステムでは、高額なコストをかけてバックアップ機能を維持しなくてはなりません。

これらの問題を解消してくれる可能性があるのが、ＤＬＴの導入なのです。

前項でも述べましたが、第４案を導入する場合、マイニングは中央銀行のコントロールがある程度利く、信頼できる特定の第三者組織（たとえば、全国銀行協会など）が行うことになるでしょう。中央銀行自体が行うこともありえます。

さらに、金融機関同士の情報共有に関する課題については、２つの対応策がＢＩＳによってすでに検討されています。

まず１つ目は、共有する台帳（ブロック）の中に、金融機関の機密に関わるようなデータを入れない方法です。

たとえば、金融機関とその顧客間で取引があったとします。その場合、取引相手だけにすべての情報を知らせ、誰もが見られる台帳には一部の情報だけを記録することをメンバー内で合意することもできます。もしくは、単純に個々の取引については一切示さず、取引があった事実だけを残す方法もあります。

ただそうなると、ネットワークの参加者の間での取引情報の共有はほぼ皆無となり、DLTの特徴を活かすことができません。となると、そもそもDLTを導入する意味はあるのかという議論に結びつく可能性があります。

もう1つは、前述の暗号化技術を使って台帳に含まれる取引情報をお互いに見えなくする方法です。これならDLTを導入しても秘匿性を維持することができます。

ただし、暗号化するプロセスを追加すると、システム全体が複雑化し、処理スピードが遅くなるという問題が指摘されています。

ハイパーインフレの発生に苦しむベネズエラ

南米の一角を占めるベネズエラが2017年から政情不安に陥っています。これを受けて、通貨であるボリバルが大暴落し、ハイパーインフレが発生しました。

2018年5月、ベネズエラ政府はハイパーインフレを鎮静化させるために通貨を100分の1に切り下げ、通貨名もそれまでのボリバル・フエルテからボリバル・ソペラノに変更します。しかしながら十分な効果を得られず、同年8月にはさらに1万分の1に切り下げる（ゼロを5つ取る）デノミネーションを断行するに至りました。

ベネズエラは原油の埋蔵量が豊富なことで有名です。ところが、前大統領のウーゴ・チャベスが独裁的かつ大衆迎合主義的な政策の下で経済状況を悪化させ、それまで蓄えてきた外貨準備資産も使い果たしてしまいました。この結果、外貨不足で対外債務は返済できず、現在は国家がデフォルト状態に陥っています。

アメリカはチャベス政権以来、反米色を濃くするベネズエラを独裁国家と認定し、2017年8月にトランプ大統領は経済制裁を適用する大統領令に署名しました。具体的な内容としては、アメリカの金融機関に対し、ベネズエラ国債とベネズエラ国営石油会社の社債の新規取引を禁じるというものでした。これには、不正を疑われた2018年5月の大統領選挙に勝利し、独裁体制をより強固にしたニコラス・マドゥロ政権の資金源を断つ狙いがあります。

石油関連の輸出が外貨収入の9割超を占めるベネズエラでは、2014年半ばに発生した原油の国際価格暴落により、物資の輸入が滞り、食料や医薬品が不足し始めていました。資金不足から原油の生産も減少しており、アメリカの経済制裁は、ベネズエラにとって大打撃です。

また、2018年には、欧州連合（EU）からも不正な選挙に対する批判が高まり、複数にのぼるベネズエラ高官に対し、資産凍結などの制裁が科せられました。

仮想通貨「ペトロ」の発行

こうした外国からの経済制裁に先立ち、苦境から脱するための策としてベネズエラ政府が打ち出したのが、仮想通貨の発行でした。

２０１８年１月、マドゥロ大統領はテレビ演説の場で、仮想通貨「ペトロ」を発行すると発表します。この仮想通貨は、原油埋蔵量を担保にし、１ペトロの価格をベネズエラの石油１バーレルの価格に固定させたものです。このとき、石油１バーレルの価格は60ドルに設定されました。ペトロは、ドルやユーロといった法定通貨のほか、ビットコインやイーサリアムとの交換が可能とのことです。

これに対し、アメリカのトランプ大統領は、アメリカ人やアメリカ企業によるペトロの取引を禁止します。

ペトロの特徴は、発行元が中央銀行ではなく政府であることです。

２０１８年２月に発行されて以来、ペトロの価値は激しく変動しています。しかし、原油価格に固定されているはずなのに、通貨の価値が不安定なのはおかしな話です。こうした状況が発生するのは、ベネズエラ経済の混乱が収まっていないことを示しています。

このような状況の中、ベネズエラ政府は、仮想通貨ペトロの発行による資金調達（ＩＣＯ）が成功し、外国人投資家から7億３５００ドルもの資金調達ができたと発表しました。今日までに50億ドルも調達したと主張していますが、その調達額を証明するものはありません。

アメリカや欧州委員会（ＥＣ）から経済制裁を適用されながら、ベネズエラがこうした資金調達をもくろんだのは、ペトロがまさに仮想通貨だからです。経済制裁を迂《う》回《かい》し、なおかつ財政再建を図るために、ベネズエラは国家として仮想通貨を発行する狙いがあったようです。

先に述べたように、２０１８年8月には、通貨単位を5ケタ切り下げるデノミを実施し、新通貨をボリバル・ソベラノ（ＶＥＳ）と呼んでいますが、その後もこの新通貨の対ドル為替レートは不安定のままで、12月には大幅な切り下げをしたようです。ペトロの対ＶＥＳ交換レートも、１ペトロ＝３６００ＶＥＳから1ペトロ＝９０００ＶＥＳへと、ＶＥＳを切り下げています。

ところで世界には、こうしたベネズエラの動きを注意深く見ている国も存在しているようです。たとえば、イランやロシアです。

ベネズエラの例にならって、国内の石油に紐《ひも》づけてイランも仮想通貨の発行に踏み切るかもしれません。そうなると、アメリカの経済制裁の実効力は弱まります。

しかし、こうした方法が実効性を高めてくると、将来的には、国際的な経済制裁を回避するために、世界の秩序を脅かす国家などが独自に仮想通貨を発行して、制裁の網の目をくぐって国外から資金調達するケースが増えるかもしれません。

邦銀による取り組み

仮想通貨が注目を集めている中で、日本の大手金融機関も手をこまぬいて状況を静観しているだけではないようです。その証拠に、仮想通貨に対して独自のアプローチをする企業が出てきています。

たとえば、三菱ＵＦＪフィナンシャル・グループ（ＭＵＦＧ）は、ブロックチェーン技術を使って「Ｃｏｉｎ」を発行する準備を進めています。

１Ｃｏｉｎ＝１円とし、法定通貨と等価にするため、独自の価値の尺度は持ちません。スマホにアプリをダウンロードし、銀行口座から仮想通貨に替えて使用することになるようです。また、マイニングによる台帳の検証作業は導入せずに、ＭＵＦＧが中央管理者として運営する方式を取るようです。

このプロジェクトの目的の１つとして示されているのは、利便性や即時性の高い送金を可能にすることで、小数点以下の小額決済（マイクロペイメント）の実現や、決済サービスを利用する企業の負担削減を図り、こうして得られたメリットを利用者に還元することです。２０１８年からすでに実証実験が始まっており、導入後は、現金では不可能だったサービスを利用できるようになることが期待されています。また、取引履歴が改竄される恐れがないことや、巨額のコンピュータシステム開発費が節約できることなども採用の背景にあるようです。ＭＵＦＧの信用力を担保とし、円との交換が可能な通貨ですので、国際的には日系企業や日本と接点のある個人が送金などに利用する可能性もあるでしょう。

もう1つは、みずほフィナンシャルグループが、ゆうちょ銀行、約60の地方銀行などと提携して開発したＱＲコードでスマホ決済できる「Ｊ−Ｃｏｉｎ Ｐａｙ」です。これはＤＬＴを用いておらず仮想通貨ではありませんが、２０１９年3月に始めており、1通貨1円で固定するので、価格変動リスクを負うことはありません。

このプロジェクトは、預金口座にある円をＪコインに換えておけば、Ｊコインの口座保有者の間でＪコインを使う場合、手数料は無料で送金が可能になるというものです。プリペイド方式（入金式）ですが、スイカのようなＩＣカードとの違いは、他のＪコイン利用者とリアルタイムでお金のやり取りができ、残高を銀行口座に戻すことができる点です。スマホでＱＲコードを使ってＪコインで決済できる仕組みが普及すれば、ＡＴＭの維持費や管理する側の人件費が大幅に削減できます。

Ｊコインは中国の「アリペイ」「ウィチャットペイ」に似ており、アリババグループと提携し、アリペイを使えるようにしています。中国人観光客による日本での消費拡大が期待されます。

証券取引にも利用されるDLT

仮想通貨に使われるＤＬＴは、民間の証券取引所と金融機関との間での証券決済に応用される動きもあります。すでに実験が行われ、中期的には応用が十分可能であるようです。実際にＤＬＴが導入されれば、取引の効率は高まり、決済費用も低下するでしょう。

２０１６年12月、全国銀行協会は「ブロックチェーン技術の活用可能性と課題に関する検討会」を設置しました。この検討会では、銀行業務分野でのＤＬＴの活用可能性と課題が議論され、２０１７年３月には報告書も出されています。

同協会は、ＤＬＴの導入に向けた連携の容易化、および開発費用の低減などを視野に、業界内を中心に連携型の実証実験環境を整え、小口送金サービス分野での具体的な実験を始めています。

こうした全国銀行協会の試みを受けて、証券業界からも同様の動きが出ています。たとえば、ＪＰＸ（日本取引所）グループは、ブロックチェーンを使った証券取引に関する実証実験を、複数の金融機関とともに２０１７年に開始しています。証券取引は、証券と資金の双方向での取引が行われるため複雑ですし、取引所で売買に直接参加するのは仲介役を担う証券会社です。このとき、証券会社が投資家と行う業務を効率化できる可能性があるのです。

第6章

「仮想通貨時代」を生き抜くために

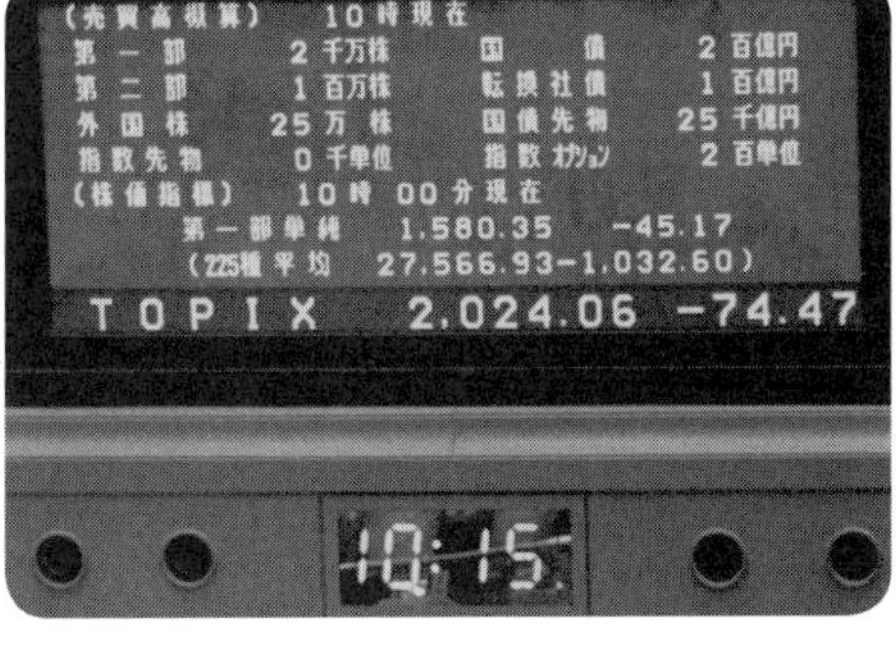

1990年8月7日、その年の最安値を記録した東京証券取引所

新たな時代のスタート

豊かな一生を送ることが難しい時代へ

今後も引き続き、「お金」の形態や決済用通貨がものすごい勢いで変化していくことは避けられないでしょう。そこで最終章となる本章では、「仮想通貨時代」を生き抜くために、いったい何をすべきなのかについて掘り下げていこうと思います。

これからの時代、私たちが労働による収入と年金だけを当てにし、豊かな一生を送っていくのは今以上に難しくなるはずです。まずはじめに、このことをしっかりと認識しておく必要があります。

日本が抱える政府債務は先進国でも突出している一方で、少子高齢化が急速に進行し、この先、十分な額の年金が支給されるかどうかもわかりません。

労働者の賃金が思うように上がらない中、親の介護などといった理由で失業するケースも増加中です。そんなとき、労働から得られる収入しか頼れるものがなければ、生活はたちまち困窮し、破綻《はたん》に追い込まれてしまうことも考えられます。

こうした事態を避けるためにも、１人ひとりが、「投資家」としての一面を持たなくてはならない時代に入ったと言っていいでしょう。

では、具体的にどのような投資行動を行っていくべきなのか。次に考えていきます。

「株式投資は怖い」は本当なのか？

日本銀行は２０１３年4月、量的・質的金融緩和（異次元緩和）と呼ばれる大規模な金融緩和政策を導入しましたが、当時、私は政策委員会審議委員として、政策の決定に携わっていました。

このとき、日銀が意図したことの１つに、ポートフォリオ・リバランスがあります。ポートフォリオ・リバランスとは、安全資産に偏っている個人の資産構成を、株式などのリスク資産も含んだバランスの取れた資産構成へと変化させるように働きかけることを言います。特に日本では、資産構成が極端に現・預金だけに偏っている国民が多いため、これらの資産を投資に回してもらうという意図がありました。それによって得たリターンで、豊かな老後生活を送ってもらおうと考えたのです。

■投資家別の株式保有額（兆円）

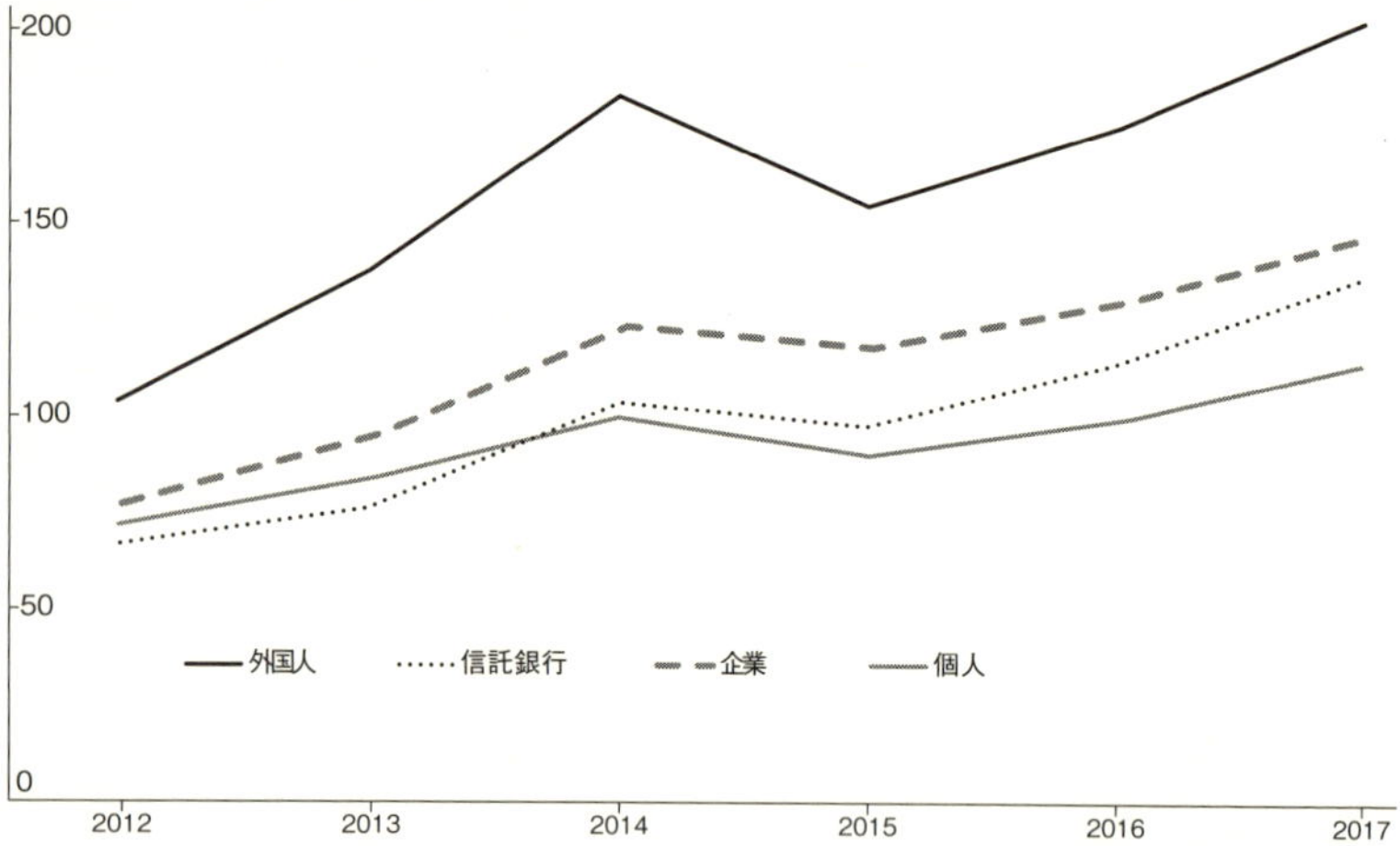

出所：日本取引所グループ

　ところが、日銀のこうした思惑とは裏腹に、異次元緩和を導入した2013年以降も株式市場では個人の売り越し基調が底堅く、ポートフォリオ・リバランスは実現していません。この間、株式保有額を増やしていたのは圧倒的に外国人で、個人の保有額はさほど増えていないのです（上図）。株式の売買は外国人が6～7割を牛耳るまでに増えており、個人の売買は活発ではありません。

　日本人の間で株式投資に熱が入らないのは、株式投資で成功している人が少ないからだと考えられます。事実、ITバブル崩壊やリーマンショックの際に、多額の損失を被った人たちが大勢いました。

とはいえ、アメリカなどの先進国の多くは2018年の初めから秋ごろにかけて、株価が次々と過去最高値を更新していたにもかかわらず、日本では、平成バブル崩壊前の水準をいまだに回復できていないのです。

日経平均株価は2017年9月ごろから2万円を超えて推移していますが、現在の企業利益と比べた「株価収益率」は、日本銀行が異次元緩和を実行する前よりもむしろ低下しています。「株価が割安だから、今が買いどき」との意見はよく聞きますが、その一方で、企業利益が今後上がっていくとは思えないという予想も根強く、その予想が株価に反映されていたのかもしれません。

このような環境にあっては、「株式投資は怖い」と考える人が増えても仕方がないとは思います。

しかし、これから先、こうした考え方は少し改めていく必要があります。なぜなら、給料や年金だけに頼れない時代において、「頼もしい味方」の1つが株式投資だからです。

実は短期間で終わる景気後退局面

2008年に起きたリーマンショックにより、世界経済は大きく景気後退に陥りました。その発信地となったアメリカですが、翌2009年6月には早くも景気後退局面から脱し、緩やかな景気拡大局面へと転じています。2017年末の大減税や、2018年の歳出拡大によるプラス効果も大きく、2018年に至るまでの9年以上、戦後最長に迫るほどの景気回復局面を続けているのです。

景気回復に歩調を合わせるようにして株価もグングンと値を上げ、2018年には史上最高値を更新しています。2018年12月末には、米中貿易摩擦やアメリカ政府の一部閉鎖もあって、アメリカの株価は大きく下落しましたが、2019年に入ってからは、連邦準備制度理事会（FRB）が金融緩和的スタンスに転換したこともあって持ち直しています。

この状況を見ていると、株価はいつまでも上昇するものと錯覚しそうになりますが、そんなことはありません。いずれ必ず景気後退局面を迎え、株価が下落に転じてもおかしくないのです。

言うまでもなく、株価は景気の良し悪しに大きく左右されます。多くの場合、景気拡大が続いているときには株価は上昇を続けますし、景気後退が続いているときには下落を続けるものです。

景気後退局面のピークで株式を購入し、景気拡大局面のピークで売るのが理想ですが、それを実現するのはプロの投資家にも難しいことです。景気拡大局面では、根拠もなくいつまでも株価が上がっていくと思い込み、割高にもかかわらず追加でどんどん買い進んでしまうこともあります。逆に景気後退局面では、どんどん下がっていく株価に恐怖を覚え、底値で売ってしまったりするのです。

予想のできない株価と対峙《たいじ》しながら、ときには自分の欲望や恐怖とも戦いながら行わなければならないのが株式投資と言えます。このように、不確定要素が付きまとう株式投資ですが、失敗を避けるために知っておくと便利な知識がいくつかあります。

1つ目は、上昇相場がいったん下落に転じると、株価は高値から半値以下になるリスクがあるという事実です。

日本では、平成バブルが崩壊した際、株価は直近の高値から60％以上も下落しました。リーマンショックの際にも、直近高値から60％を超える下落となっています。また、ITバブル崩壊時には、50％以上の下落幅を記録しました。

このように、ひとたび相場が下落に転じると、50％以上の株価暴落が起こり得るのです。こうした事実を知り、無理のない範囲で投資を行うことが常に求められます。

2つ目は、景気後退局面の期間は、景気拡大局面よりもかなり短いということです。アメリカを例にとると、戦後の景気拡大局面の平均は約5年、景気後退局面の平均は約1年となっています。「100年に一度の危機」と言われたあのリーマンショックでさえ、アメリカではわずか1年以内に景気後退局面から抜け出し、景気拡大局面へと転じているのです。

日本の場合、戦後の景気拡大局面の平均は約3年、景気後退局面の平均は約1年強となっています。

景気後退局面のピークでは、株価がどんどん下落し、これから先、いつまでも下落し続けてしまうのではないかと思いがちです。しかし、景気後退局面が長期化するケースは少ないことを知っていれば、恐怖のあまり底値で株を売ってしまうことも避けられるでしょう。

含み損を抱えるのはイヤなものですが、1~2年も我慢すれば状況が変わる可能性は高まります。そう考えると、ずいぶんと気持ちが楽になるのではないでしょうか。

株式投資をする際、これら2つの事実はプラスの判断材料になるはずです。

「世界の主な会社」に丸ごと投資できる時代

株式投資には、個別銘柄に投資する方法に加えて、平均株価に連動するETF(指数連動型上場投資信託)に投資する方法などがあります。

日経平均株価やダウ平均などの平均株価が、短期間のうちに10倍、20倍にも膨れ上がることはまずありませんが、個別銘柄では起こり得ます。したがって、投資によって大きな利益を得たいならば、有望な個別銘柄に投資するのが合理的です。

これからは人工知能（ＡＩ）やそれを使ったロボットなどが世界的なテーマになるのは間違いありません。そこで、ＡＩの発展と浸透によって業績が伸びそうな企業を探し、そこに投資をするのもオーソドックスな手法の1つです。これがうまくいけば、平均株価の上昇率を遙《はる》かに上回るパフォーマンスが期待できます。

しかしながら、投資のプロであっても平均株価の上昇率以上のパフォーマンスを上げるのは容易ではありません。個別銘柄に投資しても、仮にその会社が倒産してしまったら、株式は文字どおり「紙切れ」同然になってしまいます。

かといって、本業を抱えていたら有望な個別銘柄を探す時間を確保するのはなかなか難しいでしょう。そこでおすすめしたいのが、平均株価に連動するＥＴＦへの投資です。

たとえば、日経平均株価やＴＯＰＩＸなどと連動するＥＴＦや投資信託に投資することができるので、タイミングを計りながら積み立て投資を行えば、大きな手間を掛けずに資産を増やしていくこともできます。また今日では、ジャスダック指数やマザーズ指数に連動するＥＴＦにも投資が可能です。

ジャスダック指数やマザーズ指数は、日経平均やＴＯＰＩＸに比べると値動きが大きいという特徴がある上、先に挙げた倒産リスクがほとんどないため、投資のタイミングさえよければ、リスクを抑えつつ、大きな利益を上げられるかもしれません。

さらには、日本だけでなく、今や世界中の企業に投資できる時代になっていることにも目を向けたいものです。

もちろん、海外の会社に投資する場合には、アメリカの有望企業などの個別銘柄への投資も可能ですが、何と言っても、世界全体の株式指数に連動する金融商品があることに注目するといいでしょう。これは要するに、世界の主な会社すべてに投資するようなものであり、かつては考えられなかったほど画期的なことです。

これから先、紆余曲折《うよきょくせつ》を経ながらも世界経済は着実に成長していくはずです。このトレンドに乗って、株式も上昇していくことはほぼ間違いありません。また、世界の主な会社に丸ごと投資しているのですから、元手がゼロになってしまうリスクは皆無に等しいと言っていいでしょう。

中長期的な視野で着実に資産形成を行っていきたい個人にとって、世界の主な会社に丸ごと投資してみるのも悪くはない選択肢です。

しかしながら、株式投資をする際には、日本銀行のＥＴＦ買い入れの弊害についても、そろそろ意識しておいたほうがいいでしょう。

日本銀行は現在、毎年６兆円ほどのＥＴＦを購入しており、保有する株式は取得額ベースで約24兆円に上ります。通常、日本銀行は株価が下がる局面でＥＴＦを買い入れているので、株価の下振れリスクを減らす役割を果たしていると言えます。ただし、発行株式数が少ない小型株については、特に大量の買い入れによって株価が全体的に押し上げられており、銘柄によっては過大評価されているものもあるようです。

２０１８年７月に、日本銀行はＥＴＦの年間購入額を下げられるよう柔軟性を導入しましたが、10月からアメリカの株価が不安定になると、日本の株価にも打撃が及び、むしろ買入額を６兆円から増やしています。しかも、２０１８年から外国人は、東証第一部の日本株を５・４兆円も売り越しています。このため、株価を支えているのは、主に日本銀行となっており、このほか、企業の自社株買い（２０１８年は２・２兆円の買い越し）となっています。

しかし、大量の株式保有は日本銀行の財務を悪化させるだけでなく、将来の売却もきわめて難しいことから、日本銀行の内部でも懸念する声が高まっているようです。いつまでも大幅な買い入れが続けられないのは明らかでしょう。

これが現実となった場合、この間は株価の調整が起きやすくなることは、忘れないようにしておきましょう。

日本企業の中には、高い技術力を擁し、将来性のある企業もたくさんあるので、そうした調整時期を見越して、長期的な視点からの株式投資が必要になってくると思います。

生き残りに欠かせない姿勢とは

円が暴落する日はやってくるのか？

2013年4月にスタートした異次元緩和は、日銀の目論見どおり、大きな金利の低下をもたらしました。しかし同時に、思わぬ副作用を引き起こします。その1つが、政府の財政規律をすっかり弛緩《しかん》させたことです。日本の政府債務は止めどもなく膨張を続け、対GDP比で見ても世界最悪レベルの状態に置かれています。にもかかわらず、政治家たちの多くは危機感を少しも抱いていないかのようです。

これだけ深刻な財政状況にありながら、債務危機が表面化していないのは、2018年現在、日本国民の金融資産が1800兆円を超えており、政府債務を大幅に上回っているからでしょう。この事実が、政治家をはじめ、多くの国民や投資家などに安心感を与えているのです。

しかし、長い目で見ると、そう安心してばかりはいられない事情があります。

政府発行の長期国債は現在、日本銀行によって半分ほどが買い占められています。そのため国債の需給が逼迫《ひっぱく》しており、国債価格は高騰している状況です。その一方で低金利が続いているので、今のところは利払いに苦しめられる心配はありません。しかし、日本銀行は国債の買い入れを2016年9月ごろから（大々的に緩和ペースを縮小しているとは認めずに）静かに減らしています。この動きを見る限り、いつまでも国債を買い続ける気はないようです。

将来的には、ETFと同じく、保有する国債を減らしていくことを想定していると思われます。国債を〝爆買い〟してくれる投資家がいなくなり、同時に大量の国債が市場に放出されたら国債市場はどうなるでしょうか。今からそのときのことをしっかりと考えておくべきです。もちろん、日本銀行が今後も大量の国債を持ち続け、しかも買い入れを続けるという選択をするのであれば、話は別です。しかし、その選択は財政ファイナンスとの関係もあり、きちんと議論する必要があるでしょう。

このところ、日本人の貯蓄額は増加傾向にありますが、これは企業収益の一部が預金に回っていることと、専業主婦やシニア層が労働市場に参加して労働不足を補っていることが影響しています。彼らの収入の増加が預金に回っているため、貯蓄額を押し上げているのです。

しかし、これらはいつまでも続くものではありません。晩年になって労働市場から退出し、預金を取り崩して生活するようになれば、当然ながら貯蓄額は減っていきます。貯蓄を取り崩す人たちの数が、預金を積み上げていく人たちの数を上回るようになれば、ある時点で必ず、日本国民の金融資産が政府債務を下回るときが訪れるはずです。そのとき、私たちは今のような安心感を持ち続けられるでしょうか。

国内で国債を消化することができなければ、外国人投資家に買ってもらうしかありません。しかしその際には、必ずと言っていいほど高い金利を要求されるでしょう。そうなってようやく、私たちはこの国が抱える膨大な債務の問題の深刻さに気がつくのです。

こうした状況が現実となった場合、日本円はどうなるのでしょうか。残念ながら、はっきりとしたことはわかりません。

日本人は極めてホームバイアス（自身の資産を自国通貨、あるいは自国通貨建て資産で保有することを好む傾向のこと）が強いため、仮に円が国際的に信認を失い、円安が進行したとしても、人々が一斉に円を手放すとは思えません。また、日本の経常収支が今後も黒字を維持し、かつ、対外資産が対外債務を大きく上回る「対外債権国」の地位を維持している限り、急激に円安が進行する事態にはなりにくいでしょう。

しかし、このまま政府の深刻な財政状態がいつまでも改善されなければ、いずれ日本国債は国際的な信認を失い、急激に円安が進む局面が訪れる可能性は、十分に考えられます。こうした事態が起きれば、私たち日本人はホームバイアスを捨て、自己防衛のために、日本円をドルやユーロなどの外国通貨だけでなく、仮想通貨に換える若者も多くなるかもしれません。

もちろんこうした事態が起きないことを願いますが、最悪の状態が起きたときに静観しているだけでは、自らも大きな損失を受けてしまいます。

仮想通貨は適切な投資対象となりうるのか?

すでに何度か述べたとおり、仮想通貨は大変激しい値動きを見せており、こうした流れに上手《うま》く乗ることができた人たちは、膨大な利益を上げています。

そうした話を耳にして、仮想通貨への投資を始めたという人もいるはずです。

では、仮想通貨は適切な投資対象なのでしょうか?

それを考えるにあたり、まずは現在の日本において、誰がどの程度の規模で仮想通貨に投資しているのか見てみましょう。

実は日本では、富裕層はあまり仮想通貨に投資してはいません。彼らは主に金融資産を現・預金で保有しています。大きな金融資産を持つ彼らには、今のところ仮想通貨は魅力的な投資対象とは映っていないようです。

それでは、誰が仮想通貨に投資しているのでしょうか。メイン層は、20代から30代の若者たちです。彼らの投資額はそれほど大きくはなく、数十万円程度の投資額で行っている人がほとんどを占めます。

つまり現状では、富裕層は仮想通貨にはあまり関心を示していない一方、若者たちがなけなしのお金で仮想通貨に投資しているという実態が浮かび上がってくるのです。諸外国では富裕層でも積極的に仮想通貨に投資しているケースが多い中、日本は極めて特徴的と言えるでしょう。

一般的に富裕層は金融リテラシーが高いものです。彼らの目から見て魅力的な投資対象と映っていないのなら、仮想通貨を投資対象とするのはあまり得策ではないようにも思えます。

また、アメリカの著名投資家であるウォーレン・バフェットは、仮想通貨への投資について「悲惨な結果になる」と発言し、繰り返し警鐘を鳴らしています。

しかし、若い人たちがこれだけ関心を持っている仮想通貨が、完全に廃《すた》れてしまう状況も考えにくいことです。

仮想通貨を巡っては、次のような活発な動きも見られます。

韓国でブロックチェーン基盤の決済プラットフォームを運営するベンチャー企業のブラックウエアは、2種類の仮想通貨（一般仮想通貨と決済専用仮想通貨）を発行し、様々な仮想通貨を扱う仮想通貨取引所も運営しています。台帳（ブロック）の生成時間が決済専用仮想通貨では3秒、一般仮想通貨では1分と速く、しかも処理件数が1秒あたり70〜1000件という効率的な決済を可能にしています。同社は、このプラットフォームが世界のどこでも使えることを目指しているようです。

また、スイスのツークに拠点を構えるスタートアップ企業SEBAクリプト社は、従来の銀行と仮想通貨の間の溝を埋める世界初のブリッジバンクとして、この業界でリーダーになりたいと宣言し、スイス金融市場監査機構（FINMA）からフィンテック・ライアンスを取得するとの前提で、2018年9月に1億スイスフラン（115億円相当）を調達しています。

なお、スイスのチューリヒやツーク州には、テクノロジー系の大学があり、フィンテックの企業も350以上あり、「クリプトバレー」（暗号の谷）と呼ばれています。

多くの銀行は、ブロックチェーン技術に将来性を見出していても、新興企業との接触に躊躇《ちゅうちょ》しがちで、それを銀行サービスに取り入れられないままです。その隙をつき、新興企業が許可を受けて自ら新しいサービスを供給しようとしているのです。これらの企業は、スイスを拠点に仮想通貨の持続的な成長を促そうと積極的に動いています。

FINMAは銀行法を改定し、2019年1月からスイスで事業所を登録し、営業活動をしているフィンテック企業に対して、1億スイスフランを上限として一般向けの口座提供を認め、申請を受け付けています。ただし、こうした預金は無利子とし、投資や信用取引の目的で使えません。しかし、マネーロンダリングなどに目を光らせつつイノベーションを促進する新しい金融当局の動きとして注目されます。しかも、スイスのFINMAは、2018年11月にビットコインなどの複数の仮想通貨から構成されるETFのような投資信託の上場を認めています。

このように仮想通貨業界では、日々新しい動きが起きているのです。

もちろん、無理な取引をすることはおすすめしませんが、仮想通貨に興味や関心を持ちながら研究を進めて、様々な特徴を持つたくさんの仮想通貨の中で有望な企業を見出して、少額でも投資してみるのも1つの方法なのかもしれません。

不動産投資に未来はあるのか？

2013年の日銀の異次元緩和の開始と2020年の東京五輪開催決定という2つの出来事に歩調を合わせるようにして、日本の不動産、特に東京都心部の不動産は高騰を続けてきました。一部では、平成バブル時を上回るほど地価が高騰しているケースも見られます。大阪では、2025年の万博開催が決まり、カジノを含む統合型リゾート建設（IR）も目指しており、しばらくは建設ラッシュが続くでしょう。

こうした地価の高騰を目の当たりにしていると、いつまでもこのような状況が続くと錯覚しがちですが、冷静な目で見つめ直すことも必要です。

今回の地価上昇局面が訪れたのは、やはり日銀の異次元緩和と東京五輪開催決定が重なったからです。しかし、異次元緩和も際限なく続けられる政策ではなく、近い将来、見直しが必要な局面が訪れるでしょう。

また、東京五輪も実際に開催されてしまえば、東京などではもはや不動産価格上昇の支援材料ではなくなります。

残念なことに今のところ、東京五輪開催後には、大阪を別とすれば異次元緩和や東京五輪開催に代わる不動産価格上昇の支援材料がほとんど見当たりません。したがって、特に東京五輪開催の前後に、不動産価格には大きな下落圧力がかかる可能性があります。実際、首都圏でも、地価が上昇しているのは駅から徒歩圏内のところで、それ以外とは大きな差があります。

日本では今後も少子高齢化が進み、世帯数の減少からも逃げられません。これが不動産の需給を悪化させる方向へと働くことは明らかです。今の日本では、ただでさえ空き家が多く、需給のバランスが崩れているのですから、日本で不動産投資を行う際にはより慎重な判断が必要です。

ただし不動産はインフレに強く、日本が本格的なインフレを迎えた場合に、自身の資産を不動産で持つのは有効な手段と言えます。耐震性に優れた環境に配慮した未来型の住居で、駅にも近い便利なところにあればなおさらです。

しかし、そうであっても、日本が少子高齢化時代に突入し、不動産の需給が悪化していくことを大前提として、慎重に不動産を選ぶことを忘れてはいけません。

仕事がどんどんなくなっていく時代にどう対処するか

これからの時代、働く人たちにとって最大の競争相手はＡＩになるかもしれません。すでに様々な専門家たちが、人間の仕事の多くはＡＩや産業ロボットに置き換わると予想しています。

歴史を振り返ると、テクノロジーの進化によって人間の仕事が奪われるのではないかと危惧《きぐ》された時期が何度もありました。しかし、そのたびに、逆に人間の仕事は増え続け、経済は成長を続けました。ところが、今回の「ＡＩ革命」においては、今度こそ、人間の仕事がなくなっていく時代が訪れると予見されています。

アメリカに関する最新の研究によると、これから導入されるロボットは、1台あたり2～3人の労働者に匹敵するようになるそうです。自動化できそうな業界（たとえば、保険・銀行、農業、建設、製造業など）では、雇用だけでなく収入も減っていくと予想されています。

日本の場合、生産年齢人口がこれからも減り続け、人手不足が深刻化していくと見込まれているので、失業の問題はすぐには深刻化しないでしょう。ただし、格差の拡大は避けられそうにありません。ＡＩを所有する資本家や、ＡＩロボットを操れる技術者に富が集まる一方、その他の労働者の収入は、どんどん縮小していくと考えられるのです。

これに加え、どこかの段階でＡＩに仕事を奪われてしまえば、新たな収入源を見つけなくてはなりません。

労働者にとって、まさに「冬の時代」の到来が迫っています。

こうした厳しい時代の中で生き延びていくためには、常に新しい知識や技術を身につける努力を怠らないことです。

長く続けてきた仕事には愛着がこもりがちですが、自分の仕事が消滅してしまうような事態になれば、躊躇なく新しい仕事を始めなくてはなりません。仕事のある今のうちから、その心構えと準備をしておくことが大切なのです。

「仮想通貨時代」にお金の形態や概念が大きく変わっていくのと同じように、労働の形態や概念も大きく変わっていこうとしています。こうした時代には、柔軟な思考と姿勢が何よりも求められるのです。

おわりに

このところ、私は中国やヨーロッパ、アメリカ、中東などで開催される国際会議に参加し、討論会や講演会で話をする機会が増えています。こうした諸国の中央銀行の総裁や幹部とも率直に議論する機会もたくさん持ってきました。

それらの場で頻繁に設定されるテーマが、仮想通貨の将来性やＤＬＴ（分散型台帳技術）、ブロックチェーンをいかにビジネスや社会で活用するかというものです。この傾向は世界共通と言っていいでしょう。

また、金融関係以外では、ビッグデータの活用によってきめ細かいサービスを顧客に提供する技術、ＡＩを使ったロボット技術といったテーマもよく話題に上がります。

こうした技術は、これからの社会や経済の構造を大きく変えていく力になることでしょう。特にAIやフィンテックで世界に先行する中国や、起業家精神に溢《あふ》れるイギリスの企業からはそうした熱意を肌で感じます。

その一方で、こうした動きに戸惑いを見せているのが各国の政府や中央銀行のようです。彼らの多くは、消費者や投資家を保護する観点から、仮想通貨やその有効性について厳しい批判や見方を展開しています。ただし、そうこうしているうちにも、仮想通貨やDLTを使った技術はどんどん進展しているのが現実です。

こうした業界には、実に多くの優秀な数学者や技術者などが世界中から集まってきており、彼らの頭脳から新しいアイデアが生まれ、様々な仮想通貨が生み出されています。

この勢いに取り残されないために、一部の金融業界ではDLTを自らの業務に応用したり、仮想通貨の発行を試みようとするところも増えてきました。

その結果、銀行や保険といった従来型のサービスでも新しい技術を導入し、今まで想像もできなかったようなサービスが提供されつつあります。

新たな技術を使ったハイテク新興企業も金融業に参入する動きを見せ始めました。ゆくゆくはこうした企業によって、既存の金融機関が取って代わられる時代も来るのかもしれません。金融業界はさぞ不安を感じていることでしょう。

これまでのビジネスモデルにしがみつき、規模が大きいからといってその地位に安住できる時代は終わりを迎えているのです。昨今見られる銀行による大量新規採用の縮減、支店の閉鎖、金融機関同士の合併や共同ビジネスの立ち上げなどは、まさに一時代の終焉《しゅうえん》を象徴しているように見えます。こうした金融機関は仮想通貨の出現に危機感を覚えており、自らも仮想通貨やスマホ決済の利便性を高めるなどの工夫をしています。

仮想通貨取引については、様々な課題が残されています。しかし、革新的な技術をベースとしているものも多く、資金決済サービスだけにとどまらない広がりを見せていることから、今後も発展していくと確信しています。現在、2000種類ほどもある仮想通貨ですが、世界の規制環境が整うにつれて淘汰《とうた》が進み、社会のニーズに応えられるものだけが生き残っていく流れになるはずです。

誕生してから10年程度に過ぎない仮想通貨ですが、今後も引き続きその動向に注目していきたいと考えているところです。

本書が、皆さんが「仮想通貨時代」を生き抜くための指針となることを願っています。

なお、2017年に上梓《じょうし》した『東京五輪後の日本経済』をあわせてお読みいただければ、この激動の時代における「お金」について、より深く理解していただくことができるでしょう。

最後になりますが、本書の出版にあたっては、関係各位にたいへんお世話になりました。ここに深くお礼申し上げます。

2019年4月　白井 さゆり

写真所蔵先・提供

p.11　日本銀行金融研究所貨幣博物館
p.14　日本銀行金融研究所貨幣博物館
p.17　メトロポリタン美術館
p.24（左）高森町歴史民俗資料館
p.24（右）　日本銀行金融研究所貨幣博物館
p.26　日本銀行金融研究所貨幣博物館
p.28　日本銀行金融研究所貨幣博物館
p.36　日本銀行金融研究所貨幣博物館
p.43　日本銀行金融研究所貨幣博物館
p.45　日本銀行金融研究所貨幣博物館
p.54　日本銀行金融研究所貨幣博物館
p.56　日本銀行金融研究所貨幣博物館
p.67　日本銀行
p.115　国立印刷局
p.135　共同通信社
p.229　共同通信社

STAFF

装丁・本文デザイン　竹歳明弘(STUDIO BEAT)
図版作成　STUDIO BEAT
編集協力　阿部いづみ（敬文舎)、野口孝行
校正　櫻井健司（コトノハ)、長倉利夫

販売　鈴木敦子
宣伝　野中千織
制作　望月公栄
斉藤陽子
編集　掛川竜太郎

【著者略歴】
白井さゆり（しらい　さゆり）
慶應義塾大学総合政策学部教授
1989年慶應義塾大学大学院修士課程修了。1993年コロンビア大学経済学部大学院博士課程修了(ph.D取得)。1993年から1998年まで国際通貨基金(IMF)エコノミスト。1998年慶應義塾大学総合政策学部助教授を経て、2006年同大学教授。2007年から2008年までパリ政治学院客員教授。2011年4月から2016年3月まで日本銀行政策委員会審議委員。現在、慶應義塾大学教授を務めるかたわら、金融政策の最前線で活躍した経験を活かし、日本経済や世界経済についての様々な情報を国内外へ向けて発信中。2016年、小学館・百科事典『日本大百科全書（ニッポニカ）』に金融政策関連の項目を複数執筆。2017年2月には、日本銀行の金融政策の変遷とその歴史について著した英文著作を出版。近著に『東京五輪後の日本経済』（小学館）がある。
http: //www.sayurishirai.jp/

仮想通貨時代を生き抜くための
「お金」の教科書

2019年4月10日　初版第一刷発行

著　者　白井さゆり
発行人　金川　浩
発行所　株式会社小学館
〒101-8001 東京都千代田区一ツ橋2－3－1
電話　編集／03-3230-5637
販売／03-5281-3555
ＤＴＰ　株式会社敬文舎
印刷所　萩原印刷株式会社
製本所　株式会社若林製本工場

ISBN978-4-09-388693-2